枡野俊明
曹洞宗徳雄山建功寺住職

ブレずに成果が出せる
禅的思考のススメ

おだやかな人だけがたどり着く場所

A place where only the serene can reach.

草思社

はじめに

心おだやかに日々を過ごしたい。

それは多くの人たちの願いです。同時に、それが容易に叶わない願いであることも、私たちはよく知っています。

職場の同僚と言葉が嚙み合わずイライラ。努力が報われなくてガッカリ。過去の失敗を悔やんでメソメソ。

誰しも、心当たりがあるのではないでしょうか。

毎日を幸福に生きるため、こうした感情のゆらぎをコントロールしたいのに、それができない。

そんな自分を責めて、またクヨクヨすることさえあります。

とかく心はままならない。それはまぎれもない事実です。
それでも、禅の智慧のなかには、心おだやかに生きるためのヒントが数多く伝えられています。

たとえば、こんなことです。

喜怒哀楽に「逆らわない」。
自分を盛らず「ありのまま」の自分を生きる。
「考える」より「動く」を優先する。
自分と他人を「比べない」。
「感謝」の気持ちを忘れない。
だらけがちな生活を「習慣」で律する。
「ありがたい」という気持ちで一日を過ごす。

どれも、特別な修行は必要ありません。

いいえ、そもそもおだやかさとは、テクニックによって身に着けるものではないのかもしれません。

皮一枚だけ取り繕ったようなおだやかさなど、すぐにまた剝がれ落ちてしまうことでしょう。

私はこう思います。

おだやかさとは、自分らしい生き方の「結果」として、内側からにじみ出てくるもの。

ならば、大切なのは、他の誰でもない自分が生きたい人生を生きることではないでしょうか。

一度限りの人生に悔いを残さぬよう、一日一日を「生ききる」ことを目指していきたいものです。

人は一人では生きていけません。すべては「おかげさま」の輪のなかで生きています。

おだやかな人は、周りの人をやさしく包み込みます。

そして、周りの人を幸せな気持ちにします。

おだやかな人は、多くの人に好かれ、多くのチャンスを摑みます。

おだやかさはきっとあなたを、自分が望むあたたかくて周りから大切にされる場所に導いてくれるはずです。

おだやかな人がたどり着く場所は、幸せと成功に満ちているはずです。

本書の禅の教えがそんな生き方の助けになり、あなたがいまいる場所が幸せで、存分に自分の力を発揮できるところになればと願っています。

合掌

二〇二四年六月吉日　建功寺方丈にて　枡野俊明

目次

第2章 周りの人を味方につける おだやかな人の言葉の習慣

第3章 心の雑音を静め、おだやかに生きるための禅的お悩み解決

相談

3

仕事が激務で、いつも時間に追い立てられています。家族と過ごす時間すらありません

79

相談

4

あの仕事もこの仕事も中途半端。いつも充足感がありません

83

相談

5

「いい親であれ」「いい上司であれ」……。「いい人でなければならない」プレッシャーで、毎日がとても窮屈です

86

相談

6

働き盛りの年代を過ぎ、能力の衰えを感じるようになりました

90

第4章 理想の場所にたどり着くためのおだやかな生活習慣

第5章 いつも心に留めておきたい おだやかな人になるための「禅語」10

第1章

決して囚われずブレない
おだやかな人になるための心得

感情に「囚われず、逆らわず」

「おだやか」を辞書で調べると、
（1）何事もなく静かなさま。安らか。平穏無事。
（2）落ち着いて静かなさま。
とあります。

きっと、多くの人は、そのように生きていきたいと願っているはずです。ところが、現実はどうでしょう。

「なにが起こるかまったく予測がつかない」といわれる時代に、心安らかでいることなど、本当に可能なのか。そう問いたくもなります。

否、たとえ時代が変わったとしても、おだやかで生きる難しさには、変わりがないかもしれません。私たちの心は、日常の些事を前にしても、大きく揺れ動きます。

「常におだやかでありたい」と願う自分の気持ちとは裏腹に、腹に据えかねること、人知れず泣きたくなること、さまざまな事態に遭遇するでしょう。そのたびに、私たちの感情は激しく波打ちます。

それは、止めようがないことです。

なぜなら、**「喜怒哀楽」という感情は、人間らしさそのものだからです**。喜ぶこと、怒ること、哀しむこと、楽しむことで、私たちは生の実感を得ることができる。それを手放せるはずがありません。

むしろ「おだやかでいなければ」との思いが強過ぎると、その思いに囚われ、心は本来の柔らかさを失い、強張っていくばかりです。

では、どうしたら私たちはおだやかに生きられるのでしょう。そのヒントを、禅のなかに、見つけることができます。

禅においては、心おだやかに過ごす日々そのものが修行ともいえます。

私自身、その修行をしている最中です。かつての私といまの私、比べてみると、「随分とおだやかになったな」と思います。恥ずかしながら、昔はしばしば感情に振り回される人間でした。売り言葉に買い言葉で、「あれはまずいことをした」と後悔していることも、一つや二つではありません。

坐禅をすれば、邪念ばかりが脳裏に浮かびました。

禅は、自分のやるべきことに没頭する「無心」を大切にしますが、自分がその境地に達することができるとは、到底思えませんでした。

しかしいまなら、無心に近づく方法がわかります。

心に浮かんできた感情や考えは、そのまま放っておけばいい。浮かんでは消え、浮かんでは消えていく様を、眺めていればいい。

「感情に囚われるな、邪念を払え」と言われると、いっそう囚われるのが人間の常です。

それは、「イタズラするな」と叱られた子どもが、かえってイタズラせずにはいられなくなるのと同じ。修行を積んだ僧侶だって、実はそうです。

ならば、そのまま放っておくのが最善手。そうすれば、私たちの心をかき乱す想念は、ひとりでに消えていきます。

たとえるなら、人の心は水面のようなものです。

一時の感情や邪念は、水面に投じられる石であり、石は水面に波紋を描きます。その波紋を鎮めることなど、人間にできるでしょうか。手を差し伸べれば、その手がまた新たな波紋を作るだけ。そんなときは、波紋が広がる様子を、ただ眺めていることです。じきに波紋は微かなものとなり、静かな水面が戻ってくるでしょう。

心も、同じことです。「おだやかに生きよう」と力み、そのときどきの喜怒哀楽に抗《あらが》おうとすると、かえって感情は大波となって、あなたをのみ込むでしょう。そうではなく、感情が生まれ、消えていくのに任せてみるのです。

どうか、覚えていてください。

おだやかな人＝喜怒哀楽がない人、ではありません。

むしろ、喜怒哀楽はおおいに結構。喜怒哀楽がなければ、人間としての成長も、豊かな人生もあり得ないからです。

ただし「感情に囚われない、振り回されない」ことです。そんな生き方に少しでも近づく道を、禅は説くのです。

うなぎの匂いを置いてくる

誤解のないようにお話しししておきますが、私たち禅僧は、「おだやか」になることを目的として、修行しているわけではありません。厳しい修行生活を送るうちに、結果として、おだやかに生きられるようになっていく。そう表現したほうが、私の実感に合っています。

本来、人間の喜怒哀楽は、振れ幅が非常に大きなものです。ポジティブからネガティブへ、あるいはネガティブからポジティブへと、私たちを振り回します。

ところが修行生活を終えると、なにが起きても、

「お寺の修行僧堂での生活に比べたら大したことないな」

と、余力を持って受け止めている自分に気が付くのです。

なにしろ、修行中は、ろくに食べられず、眠れず、足を伸ばすことすら、できないのです。正座と坐禅ばかりで足はずっと痺《しび》れたまま。動けるのは掃除のときだけ。修行に入りたての頃は、入浴も満足にさせてもらえませんし、わずかばかりの食事ではお腹が減って夜も眠れません。私は半月で10キロも痩せました。

それまでの「当たり前」を奪われたとき、人間は初めて「当たり前」のありがたさがわかる、ということなのでしょう。いまでは、ちょっとやそっとのことでは、動じません。

もっとも、禅僧がおだやかでいられるのは、修行の成果とばかりとはいえないように思います。

前述のように、禅は一時の感情に「囚われない」ことを大切にします。

囚われない心とは、どのようなものか。それは、お寺にもたくさん生えている「竹」に似ています。

どんな風にもビクともしないコンクリートの柱は、頑強そうに見えてその実、脆《もろ》いもの。一定以上の衝撃を受けると、ポキリと折れてしまいます。しかし、竹は違います。強風で大きく撓《たわ》むことがあっても決して折れず、風がやめばまた、まっすぐ空に伸びていきます。

不意に感情が振れることがあっても、またすぐに本来の状態に戻ることができる。

それが囚われない心のありようです。

囚われない心と聞いて思い出すのは、「一休さん」の愛称で知られる一休禅師のエピソードです。

あるとき、一休禅師が弟子を連れて町を歩いていると、どこからともなく、うなぎを焼くいい匂いがしてきました。

「おいしそうだな」。一休禅師がそう呟くと、弟子の一人が「お師匠さま、仏道を生きる者が、そんな生臭いことでいいんですか」と窘《たしな》めました。

その後、一行がお寺に帰り着くと、弟子は言いました。

「さっきのうなぎは本当にいい匂いでした。食べたかったですね」

一休禅師はアハハと笑って答えました。

「まだうなぎに取りつかれているのか。わしは、あの場にうなぎの匂いを置いてきた」

一休禅師ほどの名僧も、うなぎの蒲焼きの匂いが漂ってくれば、「いい匂いだな、食べたいな」と心が揺れるのです。それは、人間である以上は当たり前の感情であり、僧侶だって例外ではありません。

一休禅師が常人と異なるのは、それを後々まで引きずらないことです。一方の弟子は、町では殊勝にも我慢しているふりをしましたが、お寺に帰ってもうなぎに心を囚われたままでした。

このエピソードは、おだやかに生きるヒントを、私たちに教えてくれているように思います。

繰り返しますが「おだやか」とは喜怒哀楽がない状態ではありません。一休禅師も、女性を愛し、お酒を愛した破戒僧でした。おおいに喜び、怒り、哀しみ、楽しむ人生を歩んだことでしょう。

けれども、一時の感情に囚われることなく、その場に「置いてくる」ことができる。

「これ以上、あれこれ思い悩むのはやめよう!」と自分に言い聞かせたら、そのとおりにできる。

人間、かくありたいものです。

「おかげさま」の輪を広げる

おだやかな人とは、「和顔愛語《わげんあいご》」の人である。

そう言いきって構わないでしょう。

要は、柔らかな顔、柔らかな言葉で話すこと。いつも温厚で、笑顔を絶やさないこと。そんなイメージです。

たとえ初対面であっても親しみが湧き、一緒にいて気持ちがよく、安心していられる。言葉のなかに慈しみ、思いやりがあり、話しているだけで、自分が大切にされているような気持ちになる。

そんな人の周りには、自然と人が集まってくることでしょう。**おだやかな人は、周りの人をやさしく包み込み、幸せな気持ちにしてしまう、ふしぎな力を持っています。**

考えてみれば、人は誰しも一人では生きていけません。いえ、人間だけではありません。すべてのものが、関係性のなかに存在しているのです。

誰かが笑顔で挨拶をしてくれると、思わず笑顔を返したくなるのも、その関係性故です。あいにくの雨の日にも、

「久しぶりの雨で、草花が喜んでいるかもしれませんね」

「雨の日は緑が濃く見えて、私は気持ちがいいです」

などと一言添えられていたら、さっきまで「ああ雨だ、いやだなあ」などと鬱々としていた心が、晴れ晴れとしてきます。

「この人は、どんな状況でも、上機嫌で過ごすすべを知っているのだな」

と、はっとさせられます。

仏教の根本の考えのなかに「諸法無我《しょほうむが》」というものがあります。世のなかのすべてのものごとは繋がり合っていて、単独で成り立つものは一つもない。

人もまた、誰かに生かされ、誰かを生かしてもいる。

つまり、私たちは皆「おかげさま」で生きている。わかりやすくいえば、「諸法無我」とは、そんな意味だと思います。

そして「和顔愛語」は、「おかげさま」のなかで生きていることを、端的に伝える言葉だといえるでしょう。

誰かの笑顔が自分の笑顔になり、自分の笑顔が誰かの笑顔になる。おだやかな人は、そのことを私たちに教えてくれています。

逆に、自分の目の前に、イライラしている人や、ガックリ落ち込んでいる人がいたら、思わず引きずられることも、あるかもしれません。

しかし、そこをぐっとこらえて、和顔愛語です。

仏教では、相手に何事かを施すことを布施《ふせ》といいます。金品を施す「財施《ざいせ》」や、仏教の教えを伝える「法施《ほうせ》」などに並び、誰もができる布施として「和顔《わがん》施《せ》」があります。

そのぐらい和顔で人と接することは、尊いこと。**自分の笑顔には、自分の周り**

にいる人たちをおだやかにする力があるのだと心得ましょう。

難しいことは、必要ありません。

相手がどうあれ、笑顔を返すよう努めることです。そうして自分のごく身近なところから、おだやかさの輪を広げていく。

「あの人の周りには、いつも笑顔が溢れているな」

そんな人になるための、第一歩です。

「一歩引ける」人の強さを知る

おだやかな人は、「おれが、おれが」と前に出ていくタイプではないでしょう。むしろ内向的で、目立たない。決して出しゃばることなく「一歩引く」のが、彼らの持ち味です。

しかし、だからこそ周囲から大切にされる人でもあります。

昨今の「成功者」といわれる人の多くも、そうです。たとえば、よりよい社会を築くために奔走している会社の経営者や、起業家たちです。

かつてリーダーといえば、自分から前に出て「人々を引っ張っていく人」でした。しかし現代において、「あの人のようになりたい」と尊敬されるリーダーの多くは、「おれが、おれが」のイメージから程遠いように思われるのです。彼らは、人々を引っ張るのではなく、「周りに押し上げてもらえる」人たちです。

興味深いのは「本人が優秀か、そうでないか」と人が集まるかどうかは、あまり関係がないことです。

「優秀だから、あの人を推してあげよう」とはならず、「とにかくあの人を推したい」という気持ちが先に立ちます。

たとえ能力的に未熟だとしても「だからこそ、私が支えてあげなくては」と思わせる魅力が、おだやかな人にはあるのです。

これには、日本のお国柄も関わっているかもしれません。

日本では、あまり自己主張が強い人は、仕事でも普段の人付き合いでもそっぽを向かれがちです。逆に、控えめで他人を立てる気持ちがある人、「お先にどうぞ」が言える人が慕われます。

こういう人が強いのは、「あの人のためなら」と喜んで力を貸してくれる味方が、後を絶たないことです。

「自分が、自分が」の人とは違い、あちこちで敵を作り、他人に足をすくわれるような心配も、ありません。

「あの人に頼まれたら、断れない」

「彼の夢を実現するためなら、一肌脱ぎたい」

そう思わせる人が、あなたの周りにいませんか。

「自分よりも賢い人間を自分の周りに集める術をする者、ここに眠る」

「鉄鋼王」と称されるアンドリュー・カーネギーが眠る墓には、こう刻まれているそうです。自分の成功は他人のおかげ。それだけ、多くの人を惹き付ける力があったのだと思います。

もちろん、おだやかな人柄だけで成功を手にできるほど、世の中は甘いものではないでしょう。

しかし、これだけはいえます。**多くの人に好かれる人は、それだけ多くのチャンスと、支援者に恵まれる。**

あとは、いつ訪れるかわからないそのチャンスを確実に摑めるよう、精進を一日一日と積み重ねていくのみです。

「盛らない」自分に出会う場所を持つ

あなたにとって、人生における成功とは、なんでしょうか。

たとえば、子どもの頃からの夢を叶えること、大金持ちになること、たくさんの友人や家族に囲まれて生きること、趣味に没頭できること。人それぞれ異なるモノサシがあると思います。

では、禅における、人生の成功とは、どのようなものでしょう。

「これこそ人生の成功だ」と断言している言葉は見当たりませんが、これはと思う教えがあります。それは、自分以上でも自分以下でもない、「ありのまま」の自分として生きることです。

ありのままの自分には、無理がありません。無理がないから疲れず、心おだやかに暮らすことができるのが道理。

それは、誰もが憧れる生き方です。

中国から帰国して曹洞宗をひらいた道元禅師が「眼横鼻直《がんのうびちょく》」という禅語を残しています。直訳すれば「眼は横に並び、鼻は縦にまっすぐ付いている」という意味になるでしょうか。

「ありのままの姿を、ありのままで受け止めること。これが世の中の真理、これに沿って生きること。そうすれば心を乱すことなく生きてゆける」

道元禅師は、そのように伝えたかったのだと思います。

「そんな、当たり前の言葉を、大層にありがたがるなんて」

と、現代に生きる人々は思うかもしれません。

しかし、その当たり前が難しくなっている時代であることに、お気付きではないでしょうか。

自分の姿形を現実よりよく見せようすることを、最近は「盛る」といいます。テレビのバラエティー番組でも、1の話を10や100に「盛る」人がウケをとります。SNS上でも、写真を加工して自分の目を大きくしたり、華美な暮らしぶりをアピールしたりと、「盛る」のが上手な人は、多くの「いいね!」を集めています。

それらは、「ありのままの姿には価値がない」と考える勢力の大きさ、根深さを示しているように思えてなりません。

多くの人が、自分を身の丈以上に見せようとしている時代に、「ありのまま」の価値を説く道元禅師の言葉は、どこまで響くでしょうか。

なかには、息を吸うように自然に、自分を盛れる人もいるのかもしれません。また社会に出ていけば、自分本来の能力や性格とはかけ離れたものを要求され、無理をすることもしばしばでしょう。

しかし、**「ありのまま」とかけ離れた自分を演じ続けるというのは、ストレスがたまることです。**なにより、「盛った」自分に慣れると「盛らない」自分が物足りなくなる。許せなくなる。私が危惧するのはそこです。

仮に、オンラインでは上手に盛ることができても、現実の世界に戻れば否応なく、盛れていない自分を突き付けられるのです。理想と現実のギャップは露わになり、その人を苦しめるでしょう。

以前、精神科の医師に聞きました。『毎日いいものを食べている』と思われたくて、普段は極限の倹約をして、ＳＮＳに写真を投稿するときだけ、ドカンと大金を掛ける人が増えている。理想と現実のギャップを埋めようと、ノイローゼになりかけている」と。

しかし現実を捻じ曲げるのは限度があります。そんな暮らしを続けていたら、心が悲鳴を上げるのは容易に想像が付きます。

こうなると最早、おだやかに生きるどころではありません。本来の自分を見失い、自分が歩むべき道がわからなくなる。そんな事態は、誰も望んではいないはずです。


医者ではない私が「こうすればノイローゼが治る」というお話はできません。しかし、忘れないでいただきたいのです。

いまの自分が本来の姿かどうか、答えを出せるのは自分だけです。もしかしたら、本当のあなたは、「このままではもう、生きていられない」と悲鳴を上げてはいませんか。

一切盛るな、自分を繕うな、とは申しません。

しかし、**一日10分でも結構です、自分を盛るのをやめ、本来の自分と出会うた**

めの時間を作るよう、努めましょう。

そのうえで、ぜひとも、おすすめしたいことがあります。

それは、お仏壇の前に身を置くこと。あるいは、亡くなったご家族の写真、神社やお寺の御札などでも結構です、とにかく「心が裸になる」ものを前にして、手を合わせることです。

なぜなら、ご本尊様や仏様（故人）を前にして自分を偽れる人など、いないからです。思い出してみてください。お寺にお参りをする際、あなたが願うものはどんなことですか。家族が無病息災であることでしょうか、夫婦円満でしょうか。そのときあなたが願うものに虚飾は、一切含まれていないはずです。

「自分は、ありのままの姿として、生きているだろうか？」

「自分が歩むべき道から、外れてはいないだろうか？」

そんな自問自答をするに当たり、ご本尊様や仏様（故人）の前ほど、相応《ふさわ》しい場所は他に見当たりません。慌ただしい日常のなか、ありのままの自分を再び見失うことがあっても、大丈夫です。仏様を前にすれば、いつでも本来の自分に出会えることを、もう知っているのですから。

得手を誇らず、不得手を嘆かず

「人に褒められるような立派な自分ではないから、盛っているんだ」

「ありのままの自分になんて、価値がないんだ」

と、自分を卑下する人がいます。

しかし、立派だから人に見せられる、立派でないから見せられない、という話ではないのです。

なにがあろうと揺らぐことのない、ありのままの自分を見付けることができたら、「これが私です」とさらけ出すほか、道はないのです。


それに、人間は十人十色です。

皆が、人とは違う「得意なこと」を必ず持って生まれてきているのです。自分と他人を比較する前に、たった一人の自分の得意不得意に、目を向けましょう。そこに気が付き、磨きを掛ければ、わざわざ盛る必要もないわけです。

得意不得意がわかると、自分の生き方が決まり、迷いがなくなります。人生を貫く、1本の軸ができます。大小の波をかぶり、いっとき横道に逸《そ》れることがあったとしても、そのまま流されはしません。

幸いなことに、「得意なこと」は「好きなこと」と一致することが多いようです。「得意なこと」だけど「嫌いなこと」や、「不得意なこと」だけど「好きなこと」もありそうに見えて、そうではない。人生というのは、うまくできたものです。

たとえば、他の人が10の努力をしないと身に着かないことが、5の努力をするだけで身に着いてしまう。

10の努力をするだけで、20のものを手にできる。

「得意なこと」とは、そういうものです。不得手な人は、10の努力をしても7～8を身に着けるのが、せいぜいでしょう。

この世の中に本当の「平等」というものがあるとしたら、それぞれに得意な仕事を与えることだと、私は思います。不得手をなくそうと躍起になるより、得意なものを伸ばすことに時間を費やしたほうがいい。

禅に「平等《びょうどう》即《そく》不《ふ》平等《びょうどう》」という言葉があります。

表面上は平等に見えることが、その実、不平等になることがある、という意味です。得手不得手は人によってバラバラ、それなのに同じ仕事を与えるのは、むしろ不平等ではないでしょうか。

要は、

「得意なことを伸ばし、不得意はあきらめる」

のが肝心だということです。

若い人は、こうした考え方に抵抗を感じるかもしれません。

「努力次第で、どんな人間にもなれる。持って生まれた能力に関わらず、生きたいように生きられる」――そんな自信からでしょう。

もちろん、若いうちはそうした自信も大切だと思います。はじめは不得意でも、努力を重ねるうちに得意になることもしばしばです。

また、得手不得手のなかには本人の思い込み、苦手意識からきているものも少なくありません。

たとえば、不得意だと思うからこそ取り組みが消極的になり、余計にできなくなっていくケース。逆に、人前で褒められるなどして「案外できるじゃないか」と思うだけで、得手不得手がひっくり返ることもあります。

とはいえ、現実的には、高校生ぐらいになると、

「自分はこういうタイプなんだな」

と、明らかな傾向が見えてくるものです。

身体を使うのが得意か、頭を使うのが得意か。チームで動くのが得意か、一人黙々と仕事をするのが得意か、文系か理系か等々。ありのままの自分が、少しず

つ姿形を現してくるのです。

同時に、年を取るにつれて、不得意を得意にするチャンスが小さくなっていくことも、認めざるを得ません。たとえば、社会人になった後、文系から理系に転身するのも不可能ではありませんが、ずっと理系の道を歩んできた人以上に得意になるのは、なかなか難しい。

それならば、理系のことは、理系が得意な人にお任せすることにして、自分はもともとの得意な文系を、さらに磨くのがいいでしょう。

これは、単純な「諦め」とは違うと、私は思います。

あらためて「諸法無我《しょほうむが》」という考え方を、思い出してください。**すべてのものは、あらゆる関係性のなかで、成り立っているのです。**

ならば、こうは考えられないでしょうか。

自分の得意は、誰かの不得意を支えるためにある。同様に、自分の不得意は、誰かの得意を生かすためにある、と。

世に優秀と謳《うた》われる人はたくさんいますが、全方位に優れているマルチな人間は、まずいません。どんな人にも「ここは苦手」という分野と、「ここは得意」という分野が必ずあります。

文章を書くのが得意なら、文章が不得手な人を助けたらいい。逆に、数学が苦手なら、数学が得意な人に支えてもらえばいいのです。

そのためにも、**不得意を素直に認め、得意を伸ばす必要があります**。そうすれば、自ずと多くの人と助け合い、支え合う、諸法無我の関係を築けることでしょう。

それは、自分の役割が明確になるからでもあります。

「自分にはこんな強みがあり、こんな困りごとを抱えた人を、助けることができる」

進路選択や職業選択などの場面で、自分らしい人生を選ぶに当たり、これは大きな指針になるでしょう。

また、自分の得意を認めていればこそ、

「不得意なことがあるのも、まあ仕方がないか」

と思えるようになります。

ありのままの自分が、愛しいもの、誇らしいものに思えてくるのです。こうなると、不得意を人に打ち明けることも、ためらいがなくなります。

「私は○○が苦手なんです。手伝ってくれませんか？　でも私は△△が得意ですから、そこは任せてください」

この一言さえ言えたら、皆そのつもりで助けてくれますし、「△△ができる人」として頼ってくれます。あなたの居場所を、作ってくれます。不得意があるからといって、なにも心配することはないのです。

「心のメタボ」を断ちきる

「できない自分」は恥ずかしいから、「できる自分」のフリをしよう。こうした取り繕いが、苦しみのもとです。最初から、

「私は○○が苦手なんです」と打ち明けたほうが、楽に生きていけます。

取り繕いが一つ、二つと少ないうちは、まだいいのかもしれません。怖いのは、一つ取り繕うと、それを誤魔化すために、また別のところを取り繕うという、悪循環が生じることです。それにともない、

「これ以上、嘘はつけない」

「この嘘も、いつかバレるんじゃないか」

という不安、妄想も膨らんでいきます。それがどれだけ大きな精神的な負担になることか。心はすり減り、本当に伸ばすべき自分の得意なところを見つける余力もなくなるでしょう。

仏教では、このように人間が妄想に囚われている状態のことを、「執着《しゅうじゃく》」といいます。現代風に言い換えるなら「心のメタボリック症候群」です。

ご存じのとおり、メタボリック症候群とは、飲み過ぎ、食べ過ぎや運動不足などが原因で、身体のなかに脂肪をため込んでいる状態のことですが、心もメタボに侵されることがあるのです。

たとえば、恵まれた仕事や家庭がありながら、そのありがたみを感じられず、人の仕事や家庭を見ると、物足りなく思えてくる。誰かが乗っている高級車と自分の車を見比べて、「もっといい車」が欲しくなってしまう。

「そんなことないよ」と否定するあなたも、クローゼットを開けば、一人が着るには十分過ぎるほどの数の服が、しまい込まれていないでしょうか。なかには、買ったことさえ忘れている服もあるかもしれません。それでも、「もう一生、服は買わなくていいか」とはならないはずです。

現代人の「もっと、もっと」はとどまるところを知りません。よく言えば「上昇志向がある」。「もっと、もっと」の繰り返しが、成長の原動力となる側面もあります。

しかし本来、執着とは実に苦しいものです。

「もっと、もっと」が続く限り、なにを手に入れても満足を得られず、虚しい人生から逃れられないのですから。

身体のメタボと同様、心のメタボも治療の対象。そう考えるべきです。

仏教では「少欲知足《しょうよくちそく》」という言葉で、心のメタボを戒めています。欲を少なくして足る（満足する）ことを知りなさいという意味です。

お釈迦様のご臨終前の最後の教えとされる「仏遺教経《ぶつゆいきょうぎょう》」のなかにも、こう書かれています。現代語訳したものをここにご紹介します。

「足ることを知っている人は、たとえ地べたに寝るような生活をしていても、心は安らかで幸せを感じている。しかし、足ることを知らない者は、天上の宮殿のようなところに暮らしていても、満足ということを感じられない。足ることを知らない者は、どんなに裕福であっても、心は貧しい」

何事も感謝の気持ちで接することが、少欲知足に至る道です。

「これでもう十分だ、ありがたい」。そう思えたら、この場所、この瞬間から、心は豊かです。

いま、こうして働けることがありがたい。
いま、こうして食事ができることが、ありがたい。
いま、生きていられることが、ありがたい。

やがて、諸法無我の関係のなかで「生かされている自分」に気が付くことでしょう。それがなにより、ありがたい。「できない自分」もまた、そのような自分の一部であり、取り替えのきかないもの。そう思えたとき、私たちの執着は薄れ、心が温かいもので満たされていきます。

「主人公」として生きていく

自分にできること、できないことを、ありのままに認めることができたら、「できないものはできない、それは仕方がない。自分はこれでいいんだ」と平然としていられます。

自分を嫌うことも、他人を羨ましく思うこともありません。それが「自分を受け入れる」ということだと思います。

あとは、**ありのままの自分が心から願い、やると決めたことを一生懸命にやるだけ。であればこそ、望ましい結果がすぐに出なくても、生き方がブレないのです。**簡単にいえば、「今日という一日を悔いなく生きる、生ききる」ことができるようになるのです。

過去を悔やまず、未来に怯えず、ただただ「いま」を全うする。

そのような「いま」の積み重ねの先に、「やるべきことはやった。人生を生ききった」という納得が訪れるのだと思います。

「随処作主《ずいしょさしゅ》　立処皆真《りっしょかいしん》」——随処《ずいしょ》において主《しゅ》となれば、立処皆真《りっしょみなしん》なり——という禅語があります。

すなわち、何事も自分が主人公となって取り組めば、おのずと世の中の真理というものが表れるのだと。私なりに嚙み砕くなら、これは「どんなときも全力で取り組むことで、人生の主人公になれる」という意味です。

一般に主人公といえば、ドラマなどに登場する中心的な人物のことです。しかし実は、これも禅語。人生を人任せ、成り行き任せにせず、自分の生きたい人生を選ぶことを、主人公といいます。

仕事をする上でも同様でしょう。

「やらされている」と思っていると、質の高い仕事はできませんし、第一おもしろくありません。しかし「自分が任された仕事なのだから、自分のやり方で成果を出そう、自分の色に染めてやろう」と思って取り組むと、上司が期待した以上の成果が出るはず。

そんな人を上司が放っておくはずがありません。「次はもっといい仕事を任せてやろう」と期待を掛けてもらえる可能性が高いのです。

このとき、いい仕事、悪い仕事を区別しないことも大切です。

仏教では、人と人とは縁によって結ばれていると考えられています。どんな仕事も、なにかしらの縁があって自分のもとにやってくるのです。

「本当はあっちの仕事のほうがやりたいのに」とキョロキョロしてばかりだと、せっかくのいい縁が逃げてしまいます。

「この仕事は自分に合わない」と悩んでいる人もたくさんいますが、悩む暇があるなら、その仕事を自分に合うよう変えてしまうほうが早い。

もちろん、「やっぱりこの仕事は合わない」と思うなら、上司に掛け合って異動を申し出るなり転職を考えるなりすればいいと思います。

しかし、それも一度は全力でやってからの話。「やだなあ」「つまんないなあ」と思う仕事にも、楽しみを見いだす工夫をしましょう。それが、自分色に染め上げるということです。

これができると「やりたくない仕事」が、挑戦しがいのある「やりたい仕事」に変わります。「誰に任せてもいい仕事」は「○○さんにぜひ任せたい仕事」に変わり、いいご縁が巡ってくるようになります。

考えるべきは、主人公としていまを生きること。それ一つです。

いま、自分の目の前にある仕事こそ、全力で没頭するべき仕事であり、それ以外の仕事はない。

そう思い定めるところから、始めてみませんか。

そうしていると、おのずと自分が理想とする高みにたどり着く道筋ができるのです。

おだやかさは「生き方」に宿る

人生における成功とは、ありのままの自分を見つけること。すなわち、自分だけの生き方を究めること。「おだやかさ」というものを考えるときにも、これは大切なポイントです。

つまり「**おだやかさ」とは、自分の生き方を究めた結果として、にじみ出てくるものだということ**。裏を返せば、表面だけおだやかに見せようとしても、それは取り繕っているだけ。遅かれ早かれボロが出ることでしょう。

だとするなら、おだやかに生きるためには、「自分らしい生き方」を手に入れないといけない。自分にとって望ましい生き方と重なるところがない、ただおだやかであるだけの生き方は、虚しいばかりだと思います。

もし、あなたのそばにおだやかな人がいるとしたら、幸いです。その人を真似《まね》すればいいのです。

「真似る」というと、人のアイデアを「盗む」ようで気が引けるという人がいますが、本来、真似は決して悪いものではありません。

それどころか、「真似る（ぶ）」とは「学ぶ」であり、真似は学ぶことそのものです。なにをどれだけ真似るのか、それさえ誤らなければ、おおいに真似るのがいいのです。

真似るべきは、その人の生き方そのものです。

「現実に、そうやって生きている人が目の前にいるのだ」と思えば、なんだか自分にもできそうな気がしてくるから、不思議です。

「薫習《くんじゅう》」という禅語があります。

着物を簞笥《たんす》にしまうとき、防虫香というお香を一緒に入れます。こうすると着物に香りが移り、着ていても、なんとも気持ちがいいのです。

人間関係にも似たところがあります。

人はみな、お香のように、それぞれの香りを放っている。悪臭を放つ人たちと交われば、あなたもまた悪臭を放つようになるでしょう。

その逆もまた、しかりです。芳しい香りを放つ人のそばにいれば、知らぬ内に、その香りがあなたの心に染み込んでいきます。

であるならば、**ありのままの自分として生きている人、いつもおだやかでいる人のそばにいることです。**

ただし、焦る必要はありません。その人の「ありのまま」と、あなたの「ありのまま」は、同じ形をしていないはずですから。

とにかく、その人の近くにいればいいのです。

3日でも、10日でも、100日でも、1年でも。そうすれば、お香の香りが着物に移るように、あなたの心にも、「ありのままに生きる」人のおだやかさが染み込んでいきます。

ありがとさん、ありがとさん、ありがとさん

私には、心から尊敬する高僧がいます。もう亡くなられてしまいましたが、大本山總持寺の貫主《かんじゅ》をされていた板橋興宗《いたばしこうしゅう》禅師さんです。

がんを患っておられた禅師さんにお見舞いの手紙を差し上げたときには、

「がんになったのだからしかたがない。これからは、がんと仲よくやっていくよりないな」

とご返事をいただきました。

病気になった自分もそのまま受け入れ、それ以前と同じ生活を続けておられた板橋禅師さんは、禅的な生き方を究めたような方でした。

「この人のようになりたい」

と、いまも心から思います。

禅師さんにはよく可愛がっていただいたものですから、こんな質問をぶつける機会がありました。

「禅師さんには、腹に据えかねるような、頭にくるようなことは、ないのですか?」

「そりゃあ、わしだってあるよ」

「そういうときはどうするんですか」

「すぐに反応してはいけない。**ありがとさん、ありがとさん、ありがとさんと、心のなかで唱える。すると、怒りが頭に上らない**」

いま思えば、これは米国で生まれた「アンガーマネジメント」にも通じる考え方だとわかります。

アンガーマネジメントは、怒りの感情と上手に付き合うためのスキル。「怒りの感情は6秒しか続かないので、6秒だけ我慢すれば、怒りがおさまる」などと教わります。禅師さんは、それを「頭に上げない(腹にとどめる)」と表現したのではないでしょうか。

禅師さんの話を聞いた当時、私が思ったのは、

「ああ、こうすれば、相手と同じ土俵に上らなくて済むんだな」

ということです。

若い頃の私は、相手の挑発に反応して、「なに言ってるんですか、そんなのおかしいじゃないですか」と言い返してしまうことがありました。よせばいいのに、つい同じ土俵に上ってしまうのです。

でも「ありがとさん、ありがとさん、ありがとさん」と唱えれば、冷静さを保てるわけですから、土俵に上らずに済みます。すると、はじめはケンカ腰だった相手も「なんで自分だけ、カッカしてるんだ?」とバカバカしくなり、土俵を下りざるを得なくなるという寸法です。

私たち禅僧は、坐禅を組むときには「非思量《ひしりょう》」になることが大事だと教わります。

非思量というのは、頭をからっぽにして、心を無の状態にすること。現実にはまったくなにも考えないのは無理だとしても、そのときの考えや感情に囚われないよう努力すること。

囚われそうになったときは、「もうこれ以上、考えるのはやめよう」と、自分に言い聞かせて、「考えない」方向に頭を持っていきます。

板橋禅師さんが教えてくれた「ありがとさん、ありがとさん、ありがとさん」は、非思量でいるための「おまじない」のようなものでしょう。

もっとも、考えることをやめる効果があるのなら、どんな言葉でも構わないと思います。

「深呼吸、深呼吸、深呼吸」
「怒らない、怒らない、怒らない」

みなさんも自分なりの言葉をおまじないのように心のなかで唱えてください。

第2章

周りの人を味方につける
おだやかな人の言葉の習慣

「あーうー宰相」の気遣い

「一番話が上手な人は誰か」と問われたら、あなたは誰の名前を思い浮かべるでしょう。

いまだったら、プレゼンの天才といわれる孫正義さんやスティーブ・ジョブズ、あるいはテレビのバラエティー番組でMCを務めている明石家さんまさんや、アナウンサーの安住紳一郎さんなどの名前が挙がるかもしれません。どなたも文句なしの話し上手な方々だと思います。

ところが、ある時私が読んだ本のなかに、思わぬ人の名前が挙がっていました。第68・69代内閣総理大臣を務めた大平正芳さん（1910〜1980年）です。

「え？　あの大平さんが話し上手？　まさか」と驚くのは、1953年生まれの私と世代が近い人でしょう。

大平元首相といえば、国会で答弁するときにいちいち「あー、うー」と前置きをするので、「あーうー宰相」とも揶揄された方です。「立て板に水」とは正反対のイメージで、どちらかといえばお話が上手でない方だと、私は思っていました。

しかし、その本を読んだところ、大平元首相の「あー、うー」には理由があったのだと知りました。読書家で教養豊かだった大平元首相のこと、流暢に話そうと思えば話せたに違いありません。

そうしなかったのは、大平元首相が、

「こんなことを言って相手を傷付けないか」

「自分の発言が、世界に対してどんな影響をもたらすか」

ということを片時も忘れなかったからです。

相手を傷付けない言葉、より伝わる言葉を探すには、考えるための時間が必要です。「あー、うー」は、そのための時間だったのでしょう。

これはコミュニケーションにおいて忘れられがちで、しかし大切な考え方だと思います。

何事にもスピードを要求される時代です。コミュニケーションにおいても、短い時間で多くの言葉を連ねることがよしとされる。しかし、その風潮が、多くの人を追い詰めてはいないでしょうか。

「沈黙が怖い」

「会話が続かないと、嫌われてしまう」

「うまい〝返し〟ができないと、場が白けてしまう」

そんなお悩みを抱えている人が多いようです。実際、ビジネスシーンやテレビのバラエティー番組などでも、話題を振られたら1分1秒を争うように即答できる人が重宝されているように見受けられます。

お話のプロなら、それが大切なのもわかります。しかし一般の人が「SNSで相手からすぐに返事がこないと『どうしちゃったの?』と心配になる」などと言っているのを聞くと、さすがにどうかと思います。

それに、会話のテンポが全般的に速くなるにつれて、言葉が軽くなっているように私には感じられるのです。それは、ポンポンポンポンと耳に届いて心地いい半面、すぐに消えてしまう言葉であり、後になにも残らない言葉、心に届かない言葉ではないでしょうか。私なども、

「それ、本当に考えてから発言しているの? その言葉に、心は通っているの?」

と聞き返したくなるようなことが、しばしばです。

言葉というものは本来、もっと「重み」があるものだろうと私は思います。テンポよく意味のない言葉を多く並べるよりも、相手の心に届く、意味のある言葉、記憶に残り、人生の糧になる言葉のほうが、よほど価値があると思いませんか。

大平元首相が教えてくれているのは、**多くの言葉を発するばかりがコミュニケーションではない**ということ。スピードばかりが能ではない、ということで

す。少なくとも、おだやかな人であろうとするなら、もっと言葉を大切に扱いたいものです。

すでに紹介した「和顔愛語」という禅語は、道元禅師が残したものです。このうち「愛語」について、禅師はこう語っています。

「触れ合う人にたいして思いやりの心を持って、相手の気持ちを察し、やさしい言葉を掛ける。そのことをいつも心に留めておきながら語る。それが愛語である」

急いで言葉を口にしなくていい。わずかな沈黙を恐れなくていい。

「あー、うー」は必要ありませんが、言葉を発する前にほんの一瞬、ぐっとこらえて、心からの愛語を探してみてください。

「立て板に水」ばかりが、話し上手ではないのです。

むしろ、ゆっくり間を取り、相手を気遣った「心からの言葉」を選ぶのが、本当の話し上手と呼べるのではないか。相手にズシリと伝わり、心と心を通わせる言葉とは、スピードからは生まれないのではないか。

私はそう思うのです。

伝えるべきは言葉ではなく「心」

どんな言葉を、どんな場面で発するか。コミュニケーションというとそればかりが取り上げられるきらいがあります。

しかし、そもそも話すことが苦手な人や、好きではない人もいるのです。仕事やプライベートの人間関係でも、そのせいで自信を失い、肩身の狭い思いをしているとしたら残念なことです。

その点、「うまく話すことばかりが大切ではない」と説くのが禅だといえます。それどころか、コミュニケーションのなかの余白、間、沈黙といったものを、禅は非常に大切にします。

「不立文字《ふりゅうもんじ》　教外別伝《きょうげべつでん》」

本当に大事なことは言葉や文字にならない。心から心へと伝えていくものである。この言葉は、禅の根本原理を示しています。

禅の修行にしても、言葉で教えられることは、ほんのわずかです。大部分は、弟子たちが自分自身で考え、悩み抜いた末に「こういう生き方でいいのか」と悟ったときに、「それだよ」と師に教えられるのみ。そのような形でしか、教えられないものがあるからです。

これを「面授《めんじゅ》」といいます。大切な教えは、師と弟子がきちんと向き合い、顔と顔を合わせて授けるものである、という意味です。

みなさんも、心当たりがあるのではないでしょうか。

たとえば、私が弓道を教わるとしましょう。なにもかも初めての私には、皆目わかりません。

「弦《つる》をいっぱいに引け。矢の先と的を一直線にして、手を放せ」

などと、懇切丁寧に説明されても、まずそのとおりにはできないと思います。

しかし、あるとき、試行錯誤しながら矢を射たところ、たまたまうまく的に当たった。隣に付いていた師匠が「それでいいんだ」と言ってくれた。「これが的を射るコツなのか」と体得するのは、そのときです。

私が申し上げたいのは、**コミュニケーションにおいては、言葉そのものではなく、そこに込められた心が大切だということです。**心を伝えるためなら、ときに言葉すら、いらないこともあるのです。

とくに、コミュニケーションの多くがオンラインで行われる現代においては、面授の価値を再認識していただきたいと思います。

たとえば、仕事を助けてもらった人への感謝の言葉、迷惑を掛けたときのお詫びの言葉を、メールやSNSで送るのは簡単です。

しかし、それで本当の気持ちが相手に伝わるでしょうか。私はそうは思いません。お釈迦様も「対機説法《たいきせっぽう》」といって、目の前にいる人の気質や状況、理解度を見ながら、その人に合ったやり方で教えを説いたそうです。

本当の気持ちは、人間が顔と顔を合わせてこそ、伝わるもの。とくに、感謝や

謝罪の言葉は、対面で行うほうが、はるかに伝わります。

言葉だけに頼らないことです。そこに、巧みな言葉遣いは必要ありません。どんなにたどたどしくても面と向き合って伝える、そのことに、大きな意味があるのです。

言葉の「余白」で語る

言葉を重ねるほどに、本当に伝えたいことから横滑りしていく。そんなときは、あえてなにも語らず、沈黙することさえ、恐れてはいけません。

むしろ、それこそが日本の美だと私は思います。それは、間、余白、余韻と一体となった、落ち着きのある美です。

私は「禅の庭」のデザイナーでもあります。「禅の庭」のなかでも、とくに「枯山水」と呼ばれるものは、独特の「余白」が特徴です。石や白砂が大きな構成要素となる一方で、なにもない空間が重要な位置を占めます。余白なしには、私たちが「禅の庭」を前にしたときに感じる静謐さ、張り詰めた空気といったものは、表現できません。

また、余白は、見る人たちに問いを投げ掛けるものでもあります。「禅の庭」は、

「なぜ作者は、こんな庭を造ったのだろう」
「この庭が表現しようとしているのは、どんな世界なのだろう」
と、見る人の想像力を掻き立てずにはおきません。

枯山水だけではありません。このような禅的な美しさは、日本の文学や美術、芸能全般に見ることができます。

たとえば能楽では、所作と所作の間の動きが止まっている瞬間のことを「間《ま》」といいます。能楽師は「間」に一番伝えたいことを込め、観衆はその「間」からなにかを感じ取ろうとする。

そこから、なんともいえない余韻が立ち上るのです。

言葉もそうです。小説にしろ、俳句にしろ、短歌にしろ、ある種の日本語は、短い言葉の背後にある豊かな世界を想像させる力がある。また、そのような世界を感じることを「行間を読む」というのでしょう。これは海外にはない、日本独特の言葉の味わい方です。

私たち日本人は、「大事なことは文字にならない」とする禅的な感性を、昔から大切にしてきたのです。

ちなみに、禅の影響が日本の芸術全般に及んでいるのは、どれも鎌倉〜室町時代に花開いたものだから、という歴史的な経緯が関わっています。禅もまた、鎌倉時代に中国から伝わり室町時代に発展したもの。禅が大切にする価値観、美意識抜きに、日本の芸術を語ることはできません。

さて、コミュニケーションにおける余白といえば「沈黙」です。

私が申し上げたいのは、沈黙には大いなる表現力がある、ということです。ときには、言葉よりはるかに、自分の心を伝えてくれることもある。私が思う「おだやかな人」とは、沈黙の価値を知る人でもあります。

皆さんも心当たりがないでしょうか。

たとえば、あなたが「この人から商品を買いたい」と思う人は、次の二人のうち、どちらですか。

「自社製品について知識が豊富で、その利点をうまく伝えるセールストークのスキルも持ち合わせている」

「話術は必ずしも優れていないが、顧客のニーズや要望を注意深く聞き取り、尊重する。顧客の声に合わせて商品を提案できる」

一般的には、セールスが上手な人＝話し上手であり、したがって前者が典型的です。実際、短時間で交渉を進められるため、セールスマンとして高い成績を上げられる可能性があります。

しかし、顧客にはどう思われているか。心が通ったコミュニケーションが成立しているか。そう考えると、話は変わってきます。

話し上手といえば聞こえはいいですが、なかには、顧客の心のうちなど見ぬふりをして、「早く売りたい、買わせたい」と、自分の都合を押し付けてくるケースも少なくないと思います。せっかくの話術も、これでは「押し売り」のテクニックと変わりません。

では、後者はどうでしょう。結論から言えば、日本においては、後者のほうが好感を持たれるケースが多いはずです。

つまり、**多くの顧客に信頼され、結果を出し続けるセールスマンは「話し上手よりも、聞き上手」**。そうは思いませんか。

「私の困りごとを真剣に聞いてくれている。商品を売ることよりも、困りごとの解決を優先してくれている」

顧客がセールスマンを「信頼」するのは、そう感じたときです。私が言うまでもなく、仕事をする上で信頼ほど大切なものはありません。

いいえ、信頼の価値はかつてなく大きくなっている、といってもいいでしょう。モノが溢れた現代においては、単に商品やサービスが高性能だったり安価だったりするだけでは、お金を出して買おうとは思わないはず。顧客は「この人の言うことなら、間違いない」と信じられる人に、お金を支払いたいのです。

世の中は、信頼で動いています。ここで挙げたのは、沈黙が信頼をもたらした例ですが、当然ながらセールスに限った話ではありません。

巧みな話術が、かえって信頼を損ねることがある。そうかと思えば、誠意の籠もった沈黙から、心と心が通じ合うこともある。

そのことを、忘れないでいただきたいと思います。

話す口より、聞く耳が大事

「沈黙」の価値とは、「聞くこと」の価値である。

そんなふうに表現することも可能でしょう。うまく話すことより、相手が求めていること、伝えようとしていることに、じっくり耳を傾けるほうが、人間関係においては、よほど大切です。

なぜならば、人間はすべての思いや考えを上手に言葉にできるわけではないからです。同時に、誰もが自分のことを知ってもらいたい、本心を理解してもらいたいと願ってもいます。相手の話をよく聞き、言葉の裏側にあるものまで想像できる「聞き上手」が、いつの世も大切にされるのは、そのためです。

では、どうしたら聞き上手になれるのでしょう。ここでご紹介したいのは、道元禅師の「同事《どうじ》」という言葉です。

同事とは、相手と同じ立場に身を置き、喜びも悲しみも自分のものとするという意味です。これが、相手の本心を引き出すことに繋がります。

たとえば、誰かが愚痴をこぼしているときは、言葉を発する前に、

「自分なら、こんなときにどんな言葉を掛けてもらいたいだろう」

「まだ本心を隠しているんじゃないか。こちらの反応をうかがっているのかもしれない」

などと、相手の気持ちになって考えてみることです。このワンクッションが言葉選びの工夫に繋がります。逆に、**「なんだ、また愚痴を聞かされるのか」などと、嫌そうな態度を見せようものなら、聞き役失格です。**

また、相手の話を遮らず最後まで聞くことも大切ですが、わからないところがあれば「それってどういうこと?」と質問したり、

「おれだって、そこまで言われたら悲しいよ」

「よくわかるよ。それは怒って当然だよ」

などと共感し、補ってあげるのも聞き役の務め。それが「心を込めて話を聞く」ということです。こうした聞き上手を前にすると、相手も「ちゃんと聞いてもらえているんだな」と安心できます。

「それなら、もう少し打ち明けてみようかな」

などと一段深いところまで胸の内を語ってくれることもあるでしょう。

聞き役として慣れないうちは、どんなタイミングで、どんな言葉を口にすればいいのか等、悩むことがあるかもしれません。そんなときは、

「おのれの欲せざるところ、人に施すことなかれ」

という孔子の言葉を思い出してください。

この言葉には、人付き合いにおいて欠かせない「恕《じょ》」の精神がよく表れています。「恕」とは、人を思いやり、慈しむ心のことです。

あなた自身、人からされて嫌だったことが、きっとあるはずです。まずは、それをしないと心に決めるだけで、言葉も態度も確実に変わります。

「話を途中で遮られると、もう話したくなくなるな」

「上から目線で自分の意見を押し付けてくる人とは、距離を置きたい」

そんな経験があるならば、話はいったん最後まで聞くこと。相手の意見を尊重し、決して否定しないことです。

逆に、人からされてうれしかったことや、「そう言ってもらえて救われた」と感謝した経験もあるはずです。たとえば、恥ずかしい失敗談を打ち明けてくれた、なにも言わずに温かいコーヒーを渡してくれた、等々。

今度はそれを、相手にしてあげればいいのです。

もちろん、相手が実際にどんな反応をするかはわかりません。人によっては「余計なお世話!」と拒絶される可能性だってあります。

それでも、「自分が大切にされている」ことだけは、相手もわかってくれるはず。また、あなたの柔らかで温かい話しぶりに触れるうち、相手の心もまた、柔らかく、温かくなっていくでしょう。相手の心の深いところに触れられる瞬間も、そんなときに訪れるのだと思います。

時折、「あの人は、人の話を〝引き出す〟のがうまい」と評される人がいますが、彼らが優れているのはテクニックではありません。言葉ではなく、彼らの聞く耳と「恕」の精神が、人の心を開き、癒やすのです。

心からの挨拶に添えたい「一言」

日本の文化は、余白の文化。繰り返しになりますが、コミュニケーションにおいて問われているのは、巧みな言葉遣いではないのです。おだやかに生きていきたいと願うなら、上滑りする言葉を慎み、口数は少なくとも、相手の心の奥に届く言葉を選びたいものです。

しかしながら、決して言葉を惜しんではいけない場面もあります。

その一つが、「挨拶《あいさつ》」です。

なぜ、挨拶が大切か。それは、お互いの気持ちや考えていることを推し量り、また、相手の心に働き掛ける力を持っているからです。

そもそも「挨拶」という言葉の語源は「一挨一拶《いちあいいっさつ》」という禅語です。「挨」も「拶」も「推し合う」という意味。師と修行僧が押し問答をして悟りの程度を推し量ることを「一挨一拶」というのです。やがては一般の人にも、出合い頭に交わす言葉として「挨拶」が広まりました。このような、挨拶本来の意味に立ち返るならば、挨拶一つに、その人の心のありようが表れると考えるのは、妥当なことだと思います。

おはよう。こんにちは。さようなら。たった一言を通じて、思いやりの心をやり取りするのが、挨拶なのです。まさに、**挨拶はコミュニケーションの原点といっていいでしょう。**

普段は自分から積極的に話し掛けることがないという人も、口下手だという人も、挨拶だけはおろそかにしてはいけません。美しい言葉遣いができることや、おもしろい話ができることよりも、日々の挨拶をしっかりできることのほうが、何倍も大切です。

これは本来、私が申し上げるまでもない話だと思います。多くの人が「挨拶は大切だ」と肌で感じているからこそ、「挨拶をおろそかにする人は、マナーが悪い、失礼だ」と見なされ、敬遠されるのでしょう。

にもかかわらず、普段何気なく口にしている言葉であるためか、ついなおざりにしてしまうのが、挨拶でもあります。**今一度、肝に銘じましょう。挨拶は必ず**

自分から笑顔で、大声ですることです。

それからもう一つ、忘れないでいただきたいことがあります。

気持ちのいい挨拶は、「言葉」のみならず、「形」も欠かせない、ということです。

昔から使われている「語先後礼《ごせんごれい》」という言葉があります。

これは文字どおり、「言葉が先で、礼が後」ということ。つまり、相手をきちんと見て、まず「おはようございます」や「ありがとうございます」といった言葉を述べ、それから頭を下げるのです。

これは昔からの、挨拶の正しいマナーとされているのですが、意外とご存じなかったり、忘れている方が多いようです。

いまは多くの方が礼と一緒に頭を下げてしまいます。それも「……ます」「あざっす」などと言葉が不明瞭だったりするのは、いかがなものでしょう。その上、頭を下げながらでは、相手にまっすぐ言葉が届きません。

なにも難しいことはないのです。**まず言葉。それからお辞儀です。**これだけで「おはよう」も「こんにちは」も一味違います。

付け加えると、語先後礼は「相手を見てから」言葉を発することでもあります。つまり、それは相手を観察する時間があるということ。相手の様子を見て、なにか感じるものがあれば、挨拶のさいに一言、言葉を足しましょう。

たとえば、相手が疲れた表情をしていたら、

「おはよう、最近忙しそうだね。体調は大丈夫？」

「あんまり無理しないで。手伝えることはある？」

これもまた、人を思いやる「愛語」です。

挨拶の言葉は同じでも、その人だけに向けた一言を添える。そんな小さな気遣い、心配りは誰にとってもうれしく、心が温まるものです。

「お辞儀」一つも命がけ

挨拶のみならず、一つひとつの所作のなりたちを知ることが大切です。その所作を蔑《ないがし》ろにすることがなにを意味するのか、心に留めておいていただきたいのです。

たとえば、「お辞儀《じぎ》」という行為一つにも、意味があります。

お辞儀は、よく知られているとおり、相手に対する敬意を表す所作ですが、もとをたどれば「私は敵意がない」ことを伝えるものです。

テレビの時代劇で、武士が主君に対して「頭を床に付けるぐらい」に下げるシーンを観たことがありませんか。現代に暮らす我々の目には大げさに映ります

が、お辞儀本来の意味を理解していれば、なぜ武士がそうしなければならなかったのか、わかります。

深々と頭を下げると、人間にとって最大の急所である後頭部が、まったくの無防備になります。そんなところを他人にさらけ出せるのは敵意を持っていない証拠。お辞儀をされたほうも「この人が危害を及ぼすことはない」と安心できます。常に帯刀していた時代のこと、一つ粗相をすれば即斬り殺されてもおかしくはありませんでした。相手に対する敬意を示すことは命がけの所作だったことでしょう。

こうした背景を知ると、お辞儀一つ、手を抜けません。挨拶一つで命を落とすような時代でなくとも、お辞儀が、自分の第一印象を決定する大きな要因であることは同意していただけると思います。

日常生活においては、会釈《えしゃく》程度で構わないと思います。しかし、お客様をお迎えするときの礼は区別するべきです。

首だけ傾けて済ませるのではなく、相手とまっすぐ向き合い、腰をしっかり屈めて首筋と背中を一直線に。これがお辞儀の基本です。

このとき、上体を腰から15度ぐらい前に傾けたものが「会釈」です。視線は足元から3メートルほど先に落としましょう。

上体の角度が30度になると、「敬礼《けいれい》」。視線は2メートルほど先に落とします。

これはお客様をお迎えするときなどの礼です。

さらに上体を傾けると、「最敬礼《さいけいれい》」。目線は足元から1メートル先に落とします。これは、感謝の念を伝えるときの礼、お客様をお見送りするときの礼に当たります。

ある面会の後、別れの挨拶を交わした後の去り際に、ふと後ろを振り向くと、深々と下げたままの、その人の頭が見えたことがあります。私が後ろを振り向く保証などないのに、礼を尽くしてくれたのです。

「この人について行こう。この人の信頼に応えられる人間でいよう」

そう思った瞬間でした。

「いただきます」も美しく

「そんなこまごましたところまで指図されるなんて面倒くさい」と感じる人も多いことでしょう。そう思われるのも無理からぬことです。

しかし禅宗には「作法是宗旨《さほうこれしゅうし》」という言葉があります。

作法に則って生活することそれ自体が修行であり、修行する姿はそのまま仏様の姿であり、悟りの姿でもある、ということです。

修行だからこそ、禅は正しい作法、美しい作法を大切にするのです。所作の意味を理解するのも、その一環です。

たとえば、食事にも作法があります。

どんなに仕事ができ、外見が美しくても、箸の持ち方がおかしかったり、食事後のお皿が汚れていたり、ガチャガチャと音を立てたりしている様子を見たら、尊敬の念が薄れてしまいます。

それでは、美しい食事の作法とは、どのようなものでしょう。

禅の食事作法をそのまま真似するのは大変ですから、ポイントだけご紹介します。

たとえば、食事前の「いただきます」という言葉。この「いただく」とは、「頂《いただき》」、つまり頭のてっぺんのことを指しています。

昔の人は、大事なものを受け取るとき、頭の上に掲げる習慣がありました。いまでも禅宗では、お袈裟を掛ける前に、頭の上に持っていくのが習い。それが、もともとの「いただく」という意味です。禅の食事の作法でも、ご飯を食べ始める前には、頭鉢《ずはつ》(お茶碗のこと)を両手で額近くまで持ち上げます。

いまやそこまでやる人は見掛けませんが、**せめて、よそってくれたご飯を受け取るときは、両手を差し出すことです。**片手で受け取る場合と比べて、美しさが歴然と違います。

他にも細かく作法があるのですが、一般の人が、禅の作法を全部真似する必要はないと思います。

それに、煎じ詰めれば、禅が説いているのはこの一言に尽きるのです。

「一つひとつの所作を丁寧に、心を込めて」

この言葉を日々の生活習慣に落とし込むための具体的な方法については、第3章でご紹介したいと思います。

第3章

心の雑音を静め、おだやかに生きるための禅的お悩み解決

相談

1

自分より仕事ができる人やお金持ち、家族に恵まれて幸せそうな人たちを見ると、妬ましくて仕方ありません

答え

「いま」から逃げてはいけません。

他人がどうあろうと、「他人は他人、自分は自分」と割りきって生きていく。それだけのことが難しいのは、どうしたわけでしょう。

残念ながら、人間は比較するのが好きな生き物なのだと言わざるを得ません。「隣の芝生は青い」の言葉のとおり、自分が丹精込めた庭がいかに素晴らしくても、隣家の庭を眺めると、そちらの芝生のほうが青々と見える。実際は大差のないものでも、自分と他人を比べてしまうと他人のほうが、よりよく見えるのです。

私たちを苦しめる嫉妬や羨望、自己卑下、自己否定といったネガティブな想念はどれも、こうした比較から生じるもの。そうかと思えば、自分が相手より半歩でも先に進んでいると、それだけで優越感を覚えてしまい、ときに人をひどく傲

慢にします。

そのため、禅では比較することを強く戒めています。

そもそも、比べることに、なんの恩恵があるのでしょう？

仕事ができる人間と自分を比べたら、自分の実力が伸びるでしょうか。自分とお金持ちを比べたら、自分もお金持ちになれるでしょうか。そんなことはありません。自分と他人を比較してプラスになることなど、皆無です。

才能や外見、経済力などの点で、自分より秀でた人がいるのは仕方がないことです。また、そんな人たちを見て、

「なんであいつばかり」

「自分のほうが努力しているのに、どうして」

などと思い悩むのも、仕方がないことだと思います。

何度も繰り返しますが、人間が思い悩むのは、人間が人間である証しですから。それに、この競争社会で生きている以上、他人と自分をまったく比べないのも、現実的ではないでしょう。

しかし、その悩みに囚われては、おだやかに生きることなど、叶いません。他人との比較などせず、一つとして同じものなどない、絶対の自分を信じて生きるよう、努めることです。

そうして、いまこの瞬間を精いっぱいに「生ききる」こと。禅は、さまざまな言葉で、生ききる大切さを伝えています。

たとえば、白隠禅師のお師匠にあたる慧端《えたん》和尚が「一大事と申すは今日、只今の心なり」という言葉を残しています。

人生の一大事というのは、いまこのときである。自分のなすべきをなす、その一瞬の積み重ねが、最高の人生を作る。そんな意味です。

たったそれだけのシンプルな事実から逃げないこと。ごまかさないこと。おだやかさは、いまこの瞬間から逃げようとする心には、決して宿らないのです。

それでもなおネガティブな感情に囚われてしまったら、どうするべきなのでしょう。

それはなにより「相手を素直に認める」ことだと私は思います。

「あの人は、お金持ちなんだな」「あの人には、愛する家族がいるんだな」とサラッと受け入れてしまうこと。「それに引き換え自分は……」は無用です。

これは「自分を認める」ための訓練のようなものだと考えてください。

相手の実力を素直に認められない人は、自分の実力すら素直に認められない人でもあります。裏を返せば、相手を認めることは、自分の能力や特技を素直に認めることができる、健やかな心を育てるのです。

「あの人には、自分が見習うべき点がたくさんある。だけど、自分にもこういう長所があるし、それは、あの人にも真似できない特技だ」

そう言って胸を張れるものが、誰にでも必ずあります。

「明珠在掌《みょうじゅたなごころにあり》」という禅語は、そのことを教えてくれています。どんな人も、宝物（仏性）がすでに手のなかにあるのです。

ただし、どんな宝も磨かなければ光りません。あなたも、自分の長所に磨きを掛けることにだけ、意識を向けることにしましょう。そうすれば、結果は後から付いてきます。他人のことにあれこれ振り回されていては、あなたの長所は曇ったままです。

繰り返しますが、「他人と自分を比較する」のは人間の性《さが》のようなものであり、やめようと思ったぐらいで、すぐやめられるものではありません。

ならば、比較するだけで終わりにしないこと。

「だったら自分は、こう生きよう」に繋げていくことです。

自分を磨き、妬み嫉《そね》みの一つ先に、進むのです。すると次の場所が見えてくるのです。

相談

2

才能の差は努力で埋められると信じていますが、もし努力しても報われなかったらと思うと、虚しくなってきます。「どうせ自分は」と思うのです

答え

人生には「コツコツ続ける」ことしかできない時期があります。

年が若いときほど、生まれ育ちの影響は色濃いものです。

ある人は一足飛びにどんどん成長していく一方で、ある人は苦労に苦労を重ねて、それでも思うような結果を手にできない。多くのものに恵まれた人と、そうでない人の差は、確かにあるのです。

しかし、ある程度の年を経ると、生まれ育ちより努力の要素が大きくなってくることも、また確かだと思います。いい大人になっても「生まれが」「育ちが」とこだわっていると、みっともない。そうは思いませんか。いい年をして、学歴や有名企業出身であることをひけらかす人たちと大差がなくなってしまいます。

つまるところ人生とは、自分独自の世界を究めることができるかどうかで決まります。そこでは才能よりも努力がものをいいます。ひとたび社会に出て、自分の持ち場で実績を築き上げれば、「どうせ自分は」という気持ちも自然、薄れていくものです。

世に成功者と謳われる人たちを見渡しても、生まれ育ちが一生を決めるとは到底思えません。たとえば、禅の考えを経営に持ち込んだことで知られる稲盛和夫さんは、京セラ創業やＪＡＬ再建など、大変な社会貢献をされた名経営者ですが、鹿児島の普通の家の出身です。同じく禅に傾倒したスティーブ・ジョブズも、ヒッピー同然のところからＡｐｐｌｅを創業、世界的大企業に育て上げました。

しかし同時に、彼らが誰にも負けない熱意で努力し続けた人物でもあることを忘れてはいけないと思います。仮に才能に恵まれていたとしても、熱意に裏打ちされた地道な努力がなければ、才能が花開くことはなかったはずです。

そうした地道な努力こそは、生まれ育ちに関わらず、自分の意思で続けられるものに他なりません。

「香厳撃竹《きょうげんげきちく》」という禅語は、中国唐代に活躍した香厳智閑《ちかん》禅師にまつわるエピソードから生まれました。

師から与えられた問答の答えが見つからず、深く悩んだ香厳禅師は、知識に囚われている自分に失望し、書物をすべて焼き捨てました。その後、墓守をして代わり映えのしない日々を送っていたときのこと、いつものように掃き掃除をしていると手にした箒が瓦のかけらを飛ばし、それが竹に当たりカーンと音を立てました。

香厳禅師が、悟りの境地に達したのはそのときです。コツコツとたゆまず努力を続けると、思わぬときに実を結ぶことがあるのです。

コツコツなにを続けるかはあなた次第です。また、努力が実を結ぶ日がいつになるのかも、わかりません。禅宗の開祖である達磨大師《だるまだいし》は少林寺で9年間、壁に向かって一語も発さずに坐禅を組み、悟りを開きました。これを「面壁九年《めんぺきくねん》」といいます。

9年はさすがに長過ぎる、と思うかもしれません。しかし、毎日の変化が小さくても、それは着実にあなたを変えています。すべての願いが叶うとはとてもいえませんが、そこに近づくことは可能なはずです。

人生には、「どうせ自分は」などと立ち止まることなく、ただひたすら一つのことに専念する時期があっていいはずです。必ず、結果は後から付いてきます。

相談

3

仕事が激務で、いつも時間に追い立てられています。家族と過ごす時間すらありません

答え

時間は「使う」もの。「使われる」人になってはいけません。

忙しいのは本来、大変幸せなことだと私は思います。

社会から求められるうれしさ、誇らしさは、なにものにも代えがたい。裏を返すと、社会から求められない寂しさは、骨身に染みるといいます。

時折「定年したら悠々自適な生活を送ろう」と楽しみにしている人がいますが、一方では、社会と繋がりのない第二の人生を嫌い、仕事に復帰する人や、「生涯現役」を掲げる人も、大勢いるのです。

多忙な日々は、それだけ社会に望まれていることの証し。この事実を噛み締めて、「仕事があるだけ、ありがたい」と思える心を取り戻したいところです。

ただし、「忙し過ぎる」のは、困りものです。

その日やるべきことを消化しきれず、翌日に持ち越そうものなら、翌日はその分だけ窮屈に。そんな日が積み重なると、心身はすり減り、いつか燃え尽きてしまうでしょう。そして現代人は、確かに忙し過ぎるのです。すり減った心は、「仕事があるだけありがたい」などと思う余裕さえ、失っています。

しかし、考えてもみてください。同じ職場で、同じぐらいの仕事量を抱えながら、イライラしている人がいるかと思えば、ゆうゆうと乗りきっている人がいませんか。この二人はなにが違うのでしょう。

結論からいうと、違いは、時間に使われているか／時間を使っているか。時間にコントロールされているか／時間をコントロールしているか、です。

唐の時代の趙州《じょうしゅう》従諗《じゅうしん》という禅師が、

「汝は十二時に使われ、老僧は十二時を使い得たり」

という禅語を残しています。

十二時というのは、いまの24時間のこと。禅師は、

「あなたは時間に使われているけれど、私は時間を使いきっている。時間に対する取り組み方、姿勢が違うのだ」

と、弟子に説いたのです。

「時間に使われる」「時間を使いきる」とは、聞き慣れない表現かもしれません。

私なりに言い換えると、「時間に使われる」とは、いつも仕事に追われて自分のやりたいことをする時間がないことや、忙しい日々に流されて生きることをいいます。

一方、「時間を使いきる」とは、時間の「主人公」であること。つまり、時間に追われるのではなく、主体的に時間を使うことです。

たとえば、一日で10の仕事をこなさなければいけないとしましょう。そのとき、「ああ、とにかく早く手を動かさないと」と締め切りに追い立てられるように仕事をするのが、時間に使われている人なのです。

これに対し、時間を使いきれる人は、
「お昼までの仕事はこれとこれ。昼ごはんを食べて、13時からこれ」
「予定より先に進んでいるから、ちょっと休憩を入れよう」
などと、その時間内にやるべきことを決めたら、必ずその時間内に決着を付けていきます。時間に使われる人と、時間を使える人とでは、仕事の質も効率も、まるで違ってきます。なにより「時間に追われている」という感覚に囚われないで済みます。すると、心に余裕が生まれ、家族との大切な時間だって捻出できるでしょう。

これこそ、「忙中閑あり」です。多忙な最中にも閑は見付けられるもの。否、多忙なときこそ、自ら閑を見いださなくてはならないのです。

そのためには、たとえば「仕事が終わったから、明日は休もう」ではなく、前々から「この日この時間は絶対休む」と決めて、予定に入れておくことです。

「今日の午後、たまたま休みが取れた」では、「なにをしたらいいか思い付かない」という人が多いと思います。そこで、「1週間後のこの日は休むぞ」と決め、時間の主人公となって、早め早めに仕事を片付けていくのです。そのなかで、仕事のストレスですり減った心も回復させていく。やがて、心は潤いを取り戻し、「あれもしたい、これもしたい」という気持ちも、こんこんと湧いてきます。

相談 4

あの仕事もこの仕事も中途半端。いつも充足感がありません

答え

何事も「一つやり終えてから次に移る」ことです。

いまの時代、複数の仕事を掛け持ちする「マルチタスク」が常態化しているようです。いいえ、仕事だけではありません。

「スマホを眺めながら食事をする」

「友達と会話しながら、ＳＮＳに投稿する」など、「〇〇しながら〇〇している」状態から誰も抜け出せなくなっています。

これほど、禅の精神と掛け離れた時代はありません。前述のとおり、「いま、この瞬間」を精いっぱいに生きることを、禅は説いています。

禅の言葉に「喫茶《きっさ》喫飯《きっぱん》」というものがあります。

お茶を飲むときは、お茶を飲むことに心を集中し、お茶そのものになりきった

気持ちでいただくこと。ご飯を食べるときも同様に、ご飯以外のことを考えず、ご飯そのものになりきるよう努めること。

なにをするにも「喫茶喫飯」の心持ちでいれば、日々の生活すべてが修行になる。これが禅の考え方です。

仕事をするにも、この考え方が大切だと思います。

複数の仕事を目の前にしたとき、ともすると、「どこから手を付けようか」と悩むうちに時間が過ぎていったり、集中力が散漫になって一つひとつの仕事の質が落ちたりと、散々な目に遭います。これでは充足感が味わえないのも仕方がありません。趣味だって、翌日の仕事のことが頭に浮かびながらでは、興ざめです。

しかし、どれだけの仕事を抱えているのだとしても、一度に取り組めるのは目の前にある一つだけのはず。ならば、「あれもある、これもある」といった心の雑音に惑わされず、目の前にあるたった一つに意識を向けましょう。

喫茶喫飯の精神で、その一つの仕事になりきれたなら、仕事をする苦しみやつらさも消えていきます。一つ片付いたら、また次の仕事。終わったら次。そのようにして、「終わったら次」を繰り返していきましょう。心の雑音を減らし、悠々と仕事ができれば、クオリティーだって、上がります。

時間の使い方にはさまざまなコツがありますが、煎じ詰めれば、「一つひとつの作業に集中できる環境をいかに作るか」

であるようです。

つまり、「集中できないな」と思ったら、私たちの集中を邪魔するあれこれのほうを片付けることから始めればいい。

たとえば、少し長い書き物をしているさなかに、横から「これもお願いします」と短めの書き物を頼まれたとしましょう。「さて、どちらを先に終わらせようか」と立ち止まってしまう場面です。

人それぞれ考え方があると思いますが、私は大抵、大きな書き物をいったん横に置いて、小さい書き物を手早く済ませてしまうことにしています。というのも、私の頭のなかでは、大きな書き物も小さな書き物も同じ「1本」だからです。

極論すると、5分で終わる仕事も、5時間掛かる仕事も、頭のなかで占めているボリュームは同じ。だったら、5分で終わる仕事から片付けて、早く頭をスッキリさせよう、という方針です。

もし、5時間掛かる仕事を先に手を付けたら、作業しながらも「早く次の仕事に取り掛からなくちゃ」と気持ちが急かされますし、別の用事が舞い込んだりして、余計に頭が忙しくなる恐れもあります。

その点、どんなに小さい仕事でも、一つ片付けると「終わった!」という達成感があります。気持ちにも弾みがついて、「この調子で大仕事に取り掛かろう!」と、いい状態で次の仕事に取り掛かれる点でも、おすすめです。

相談

5

「いい親であれ」「いい上司であれ」……。「いい人でなければならない」プレッシャーで、毎日がとても窮屈です

答え

慈悲の気持ちで、まずは目の前で困っている人を最優先しましょう。

「いい人」であろうとするあまり、窮屈な生き方を強いられ、ストレスを招いている。お気の毒なことです。しかし、厳しいことを申し上げるようですが、その窮屈な生き方は自分で作り出したものとはいえないでしょうか。

そもそも「いい人」を目指す、という生き方を見直す必要がありそうです。そうではなく、○○をしたことで結果的に「いい人」と思われる。この順番が肝要です。

「こんなことを言ったら、どう思われるだろう。どう評価されるだろう」

などと、他人の目を意識してばかりいたら、すっかり消耗してしまうのは目に見えています。Aさんの前ではこんな顔、Bさんにはこんな顔と、10人いたら10

人分の顔を使い分けなければいけなくなるでしょう。そのうえ、どれもが本来の自分でないのだとしたら、とてもおだやかには生きられません。

大切なのは、相手が誰であっても、「私はこう思います」と、自分の気持ちをはっきり伝えることです。

ただし、それは「相手の都合を考えず、好き勝手に話せばいい」ということでは、まったくありません。

仏教に「慈悲」という言葉があります。

慈悲とは、相手を慈しみ、そして相手と同じ立場になって、悲しみや苦しみに寄り添い、安らぎをもたらすこと。「あの人は菩薩のようだ」「観音様のようだ」と言われる人には、慈悲の心が備わっています。

たとえば、困っている部下がいるときに、あなたが思う上司像に縛られ、それを相手に押し付けるようでは、いけない。「こうあるべき」という決め付けをやめ、部下に一歩近付き、寄り添ってみるのです。

まずは、困っている理由を尋ねてみる。また、問題を解決する方法を一方的に伝えるのではなく、ともに考えるなかで、「私はこう思う」と口にする。相手を思いやりながら、自分の意見を口にすることもためらわない。そうやって自分を素直にさらけ出すよう努めれば、窮屈に思うこともありません。

「明歴々露堂々《めいれきれきろどうどう》」という禅語があります。これは、すべてが隠すところなく、明らかに現れているという意味です。なにも飾らず、ありのままの自分で、生きたらいい。その結果、自分の未熟を思い知らされる場面も少なからずあるかもしれません。しかし、自らの未熟を自覚することもまた、成長の機会になります。本当の自信というものは、自分をさらけ出すことで、養われていくものです。

「上司として」「親として」と肩に力が入るのは、「露」であることを怖がっているからではないでしょうか。相手の気に障ることを言ってトラブルを招きたくない。ハラスメントで訴えられるなど、もってのほか。傷付けたくないし、傷付けられたくない。そんな心理から生じる恐怖です。

しかし、「いい人」の仮面をいつも被っていると、いよいよ素の自分を出せなくなる恐れがあります。表面だけ「いい人」で、心のうちはおだやかでいられないとしたら、なんとも残念なことです。なにより、「いい人」にこだわる態度は、いま目の前で困っている人を蔑ろにしている、とはいえないでしょうか。

私が申し上げたいのは、自分の心のなかにしかない「○○像」に縛られず、目の前で困っている人を最優先する、ということです。自分本位ではなく、常に相手のことを考える態度を、大切にしてください。すると、「あの上司は私の意見を聞いてくれて、一緒に考えてくれた。正しい解決策を導いてくれた」ということになり、結果的に「いい人」になれるではありませんか。

「いい上司像」を身をもって示しているから「いい上司」なのではなく、相手の心を理解し、慈悲の心を向けた結果として、「いい上司」になる。

この順番をゆめゆめ間違えぬようにしてください。


慈悲といえば、慈悲の象徴としてあつい信仰を集める観音様（観音菩薩）のことも、少しお話をしておきましょう。

「かん」は「観る」、「のん」は「音」で、音を見る。それは、相手の心の声を聴く、という意味があります。すなわち観音様とは、相手の心のうちを推し量り、悩みに耳を傾ける仏様のこと。すでに悟りを開き、彼岸に渡ることができる存在なのに、人間を悲しみや苦しみから救うため、この世に残ってくださっていると言い伝えられています。

観音様はまた、その人の悩みに合わせて33の姿に変化し、救いの手を差し伸べてくださるのです。これを「菩薩行」といいます。

私は、相手がなにを言わんとしているのか、伝えようとしているのか、言葉に出ない部分も察する心を向ければ、それが菩薩行なのだと思います。それが慈悲の実践であり、「いい人」になる近道。

あなたも、観音様を心のなかに住まわせてください。

相談

6

働き盛りの年代を過ぎ、能力の衰えを感じるようになりました

答え

切れ味が悪くなった錐にも、使い道はあるものです。

禅語に「閑古錐《かんこすい》」という言葉があります。

古錐とは、使い古された錐のことです。

新しい錐は先がするどく尖っていて、いとも簡単に穴が開けられる半面、使う人を傷付ける恐れもあります。一方、使い古されて刃先が丸くなった錐は、なかなか穴が開かない代わりに怪我をする心配は少なく、かえって使いやすいともいえます。

丸くなった刃物にも役立ち方がある、使いどころがあるのです。

同じことが人間にもいえます。「閑」とは「心安らいだ」状態のこと。禅の世界でも長年修行を積み、円熟味を増した僧侶は閑古錐と呼ばれ、敬意が払われま

す。

残念なことに、組織のなかにいると、「閑古錐」のありがたみ、魅力というものが、見えにくいかもしれません。年齢が高くなれば体力は目に見えて落ちてきますし、頭のほうも「あれ、前は簡単に覚えられたのに」となってくる。会社からの評価が下がるにつれて最前線の仕事から遠ざかり、なんだか表情も浮かなくなってきます。

体力の衰えは、生物である限り、致し方のないことでしょう。

ただ唯一、気力は年を取らないのではないか、と私は思います。体力が落ちたからといって、気持ちまで萎《しぼ》んでいく必要はありません。

常に、新しい興味、新しい世界に目を向けることです。それから、きれいなものに触れたら「ああ、きれいだな」と心を動かすこと。おもしろかったら、「あれ、おもしろかったよ」と誰かに伝えること。わからないことがあれば、「これ教えて」と素直に教えを乞うこと。そうした瑞々しい感性さえ健在なら、若い人たちとも会話が弾みますし、学べることも、たくさんあるはずです。

気力を若々しく保つのは、そうした心掛け一つだと思います。

一方で、最前線から退いた人間だからこそ、できる役割があると思います。そう、閑古錐の出番です。

若い頃の仕事、年齢を重ねてからの仕事は、違っていて当然です。「自分もまだまだやれる」と、若い人に対抗心を燃やす必要はないですし、第一、同じ土俵に上ったら勝ち目などあるはずがないのです。闘いの土俵そのものを、変える必要があります。

しかし、それを思い悩む必要もまた、ないのです。

若い人には、よくいえば勢いがあります。頭も柔軟で、新しい知識をどんどん詰め込むことができるでしょう。しかし、悪くいえば、体力に任せて、無鉄砲に突っ走ってしまうところもあります。

一方、ベテランの武器は、何十年と蓄えた知識と経験です。それを自分一人で抱え込まず、若い人たちのために披露し、役立てましょう。

もちろん、時代が変われば、同じ方法がそのまま使える、とはいかないと思います。それでもなお、経験がもたらす価値は大きいはず。

「昔、似たような仕事で苦労をしたことがあってね……」

「普通はAという手段がいいとされているけど、それがうまくいかないときは、Bを試してみると、案外うまくいくものだよ」

などと、若い人の心情に寄り添ったアドバイスを出せるのです。仮に、アドバイスの中身が珍しいものではなかったとしても、聞いている人間の耳には、まったく違って聞こえることでしょう。

これこそ、若い人にはないベテランの円熟味であり、人生の智慧です。そうして、自分の年齢で果たすべき役割を見つけられたなら、社会で居場所を失うことは決してありません。裏を返せば、自分の立場や地位に固執し、若い人たちに譲ろうとしない者を、「老害」というのだと思います。

相談

7

人間関係で悩むたびに仕事を辞めてしまいます

答え

「色眼鏡」を外すと、その人のいいところが見えてきます。

「最近の若い人は、すぐ会社を辞める」とは、よく聞く話です。一生懸命勉強し、高い競争倍率をくぐり抜けて入った会社であっても、ふっと辞めてしまうのは、どうしたわけでしょう。

「仕事がおもしろくないから」「思っていた仕事内容と違うから」と聞けば、「まだ訓練期間中だろうに、そんなに早く決断していいのかな」と、心配になります。

「石の上にも三年」の言葉のとおり、しばらくは腰を据えてやってみないと、その仕事の真価はわからないはず。おもしろいのかつまらないのか、自分に合うのか合わないのか、本当のところは見えてこないと思います。

それは、人付き合いにおいても言えることです。

たとえば、「厳し過ぎる、理不尽だ」と感じる上司の言葉の真意を摑むにも、ある程度の歳月を要します。なかには、自分が部下を持ち、育成に頭を悩ませるようになってから、「あのときの上司の気持ちがわかった」と腹落ちする人もいます。

「そうか。あのとき上司は、わざと悔しい思いをさせて、『なにくそ』と奮起するのを期待していたんだな」

「いま、自分が同じことを部下にしているな」

と納得するまでには、それだけの時間が掛かる、ということです。もちろん、

「この上司は優しい言葉を掛けてくれるけど、内心は冷たい人だな」

「自分が責任を負うつもりがないから、そんなことが言えるんだな」

といったことが、後でわかることもあるでしょう。

幸い、企業には異動がありますから、折り合いの悪い上司のもとで働き続けることはまれのはず。物事にはいつか、終わりがくるのです。せめてそれまでは、一つの持ち場で頑張り続ける必要があるのではないでしょうか。

そもそも、人間関係がこじれるきっかけは、ごく些細なことです。

たとえば、肝煎りの企画書にダメ出しされた、飲み会の誘いを断られた、挨拶をしたのに無視された、などなど。たったそれだけのことでも、

「あの人は気分屋で、付き合いにくい」

などとレッテルを貼り、相手のすべてを理解した気になってしまう。あなたに

も心当たりはありませんか。

困るのは、一度先入観を持ったが最後、なにを見聞きしても先入観に縛られてしまうことです。仮に、相手のよい評判が聞こえてきても、「いやいや、それはあの人の本当の姿を知らないだけだよ」などと、余計にマイナスの感情を募らせていきます。

先入観のせいで、目につくのは相手の悪いところばかり。これでは、気持ちのいい人間関係を築くことなどできません。

禅では「色眼鏡を掛けるな」という言い方で、先入観で人を判断しないよう戒めています。相手の一面だけを見て抱いた感情を以て相手のすべてを決め付けてしまったら、その人を見誤ります。

色眼鏡を外すには、今日初めて会った人だと思い、相手と接してみることです。すると「面倒見がいい」「会議の仕切りが上手」「トラブルのときに頼りになる」など、これまでとは違った一面が見えてくるかもしれません。

「一切衆生、ことごとく仏性あり」

あらゆるものには仏性という美しい心が備わっている、という意味の禅語です。誰にも仏性があると信じ、そこを発見しようとする姿勢でいれば、その人のいいところ=仏性を見通すことができるはずです。

ときには、自分の心掛け一つで相手の仏性を引き出すことも可能かもしれません。

たとえば、「どう考えても自分とソリが合わない」上司だって、仕事で成果を上げれば態度を変えざるを得なくなります。

会社においては、部下の成績はすなわち上司の成績であり、部下がよい仕事をすれば上司自身の評価も上がるのです、自分の評価を上げてくれる部下を可愛がらない上司など、いないのです。

厳しい言い方になるかもしれませんが、人間関係を理由に会社を辞めるのは、自分が成果を上げられない理由を上司に押し付けている側面も否定できないと思います。

「あの上司のせいで、私は能力を発揮できない」。そんな言い訳をして、本来やるべき努力から逃げようとしていないか。そう自問自答してみてください。

「精いっぱいやったのに評価されなかった」のだとしたら、さぞ悔しいでしょう。「評価する側の目がくもっているのでは?」と疑うのもいいと思います。

しかし、そこで止まってはいけない。「なにくそ、上司が期待する以上のものを出して、度肝を抜かせてやろう」という気持ちで仕事をする時期も必要です。

大切なのは、「上司がそうなら、私はこうする」という態度。他人を理由に、自分の人生を決めてはいけない。これも人生を「主人公」として生きるための心得です。

相談

8

パートナーが突然会社を辞めました。職探しをしているようですが、ずっと家にいて、気詰まりです

答え

立ち止まる瞬間も人生には必要。「待つ」ために距離を取りましょう。

この方のパートナーがどんな状況にあるのか、具体的なところは相談文からはわかりかねます。相談者の方も、パートナーから本当のことを打ち明けてもらえていない可能性があります。職探しにしても、すぐに結果が出るものではないでしょう。年齢によっては、数カ月、就職先が見つからないこともあると聞きます。

以上はすべて、推測に過ぎません。

確かなことは、突然会社を辞めたくなるほどの理由がパートナーにはあったということ。そして、おそらく、やるべきことをやらずに遊んでいるわけでもないはずです。パートナーなりの考えがあって、そうしているのです。

「七走一坐《しちそういちざ》」という禅語があります。七回走ったら、いったん坐ってみなさい、

という意味です。厳しい競争社会に生きているせいか、「休んでいる暇などないのに」と、休むことに罪悪感を覚える人がいます。しかし、人生において、立ち止まることは決して悪いことではない。むしろいいことなのだと、禅は教えています。

それは、疲れを癒やすためだけが理由ではありません。とくに、人生につまずいたときや、大きな失敗をしたときほど、いったん立ち止まり、自分を見つめ直し、それまでの人生を振り返る時間が必要なのです。

「ここで立ち止まったら置いていかれる、休んでいる場合じゃない」などと言って休みなく走り続けていると、失敗の原因も究明できず、せっかくの経験を糧にできないまま。同じ失敗を繰り返す将来が待っているかもしれません。

人生80年、どなたにも止まるべき瞬間があります。

階段だって何百段を一気に上るより、踊り場で一息入れながら上るほうが、ずっと楽です。休みなく上り続けるより、気力体力を維持できて、早くゴールにたどり着けるかもしれません。

とくに、仕事探しは縁ものですから、あまり急かさず静観してあげてはいかがでしょう。悩んでいるほうも、一人で悩む時間が必要です。そんなときに「早く仕事を探しなさい」「たまには外に出掛けて気晴らしをしたら」などと言われても気持ちは乗りません。人によっては依怙地になり、仕事探しをやめてしまうこともあるでしょう。

「パートナーがずっと家にいるので気詰まり」なら、自分のほうが用事を見つけて外に出掛けるのがいいと思います。外出するのが難しいなら、せめて、外の空気を部屋に入れて、深呼吸。気持ちを切り替えましょう。

こういうときに口を開くと、語気荒く責めたててしまう恐れもあります。しかし、自分のエゴで相手をコントロールしようとすると大抵うまくいかないもの。余計な口出しをして、したほうもされたほうもストレスを抱えるぐらいなら、なにも言わず、物理的に距離を取るほうがいい。ときには、なにも言葉を掛けないのも気遣いです。

部屋にこもり続けているパートナーも、気持ちが塞いでいることでしょう。しかし、だからといって、それを見守るあなたまで塞ぎ込む必要はないはず。むしろ、意識的に、活動的な毎日を送っていただきたいと思います。

「今日こんなおもしろいことがあった」「あそこに新しいレストランができていた」等、明るい話も遠慮せず、なさったらいいと思います。そんなあなたに影響を受けて、パートナーも少しずつ気持ちが外へ向かっていくかもしれません。

それまでは「待つ」ことです。他人は決して、自分の思いどおりには動いてくれません。裏を返すと、思いどおりになるのは自分だけ。ならば、自分一人でも健康的に生活し、「待てる」自分を作るのが先です。

相談

9

相手の顔色をうかがうばかりで、人付き合いに疲れています

答え

たった1回の「断る力」で状況は一変します。

「付き合いがいい人だと思われたい」

「こんなこと言ったら、仲間はずれにされるかも」

こんなふうに、相手の顔色をうかがいビクビクしている生活は、誰だって疲れます。もちろん、相手のためを思って行動することも大切です。

しかし、相手を思ってのことではなく「よく思われたい」一心なのだとしたら、やめたほうがいいと思います。相手の顔色をうかがうということは、相手によって態度を変えるということ。それでは、相手に信用してもらえないでしょう。

できれば、付き合い始めのうちに「私はこういう人間です」「できないものは、できません」と、はっきり宣言しておきたいものです。

たとえば、ママ友同士の交流も大切ですが、仕事が多忙で頭と身体が休まる暇もない、というなら、その限りではありません。

「私はフルタイムで仕事をしているので、お付き合いできるときと、できないときがあります。ごめんなさい」と最初に断っておくのがいいでしょう。

会社でも、そうですね。

同僚の仕事を手伝ってあげるのは仲間として当然のことですが、現実的には、自分が抱えている仕事量との相談になります。自分の仕事をきっちり終わらせられそうで、まだ余力があるなら手伝う、という判断でいいと思います。

これなら、付き合えない理由も明確なので、周囲も「今日はだめなんだな（次は手伝ってくれるかも）」と思うだけです。あなたを責める理由には当たりません。

相手にしてみれば、理由も教えられないまま断られるのが、一番つらいのです。「なんで付き合ってくれないんだろう。お茶に誘うの、迷惑かな」「なんで仕事を手伝ってくれないんだろう。なにか嫌われること、しただろうか」。そう思われるのは、あなたも本意ではないはずです。

お付き合いするときは、徹底的に付き合うけれども、こういう理由でお付き合いできないこともある。そう先に言っておけば、周囲もそういう目で接してくれます。なにも後ろめたく思わなくていいのです。

繰り返しますが、最初に「私はこういう人間です」「できないものは、できません」と、言葉と態度で示すことが肝心です。これを怠り「いい人」ぶると後でつらくなります。

実際、あなたの周りに、「断り下手」で困っている人はいないでしょうか。

最悪なのは、

「自分の仕事がパンパンに詰まっているのに、頼まれた仕事を断りきれずに、結局どの仕事も満足に仕上げられなかった」

といったケースです。悲しいことに、その人を「便利屋扱い」して、仕事を押し付けてくる図々しい人もいます。

こういうとき、自分を犠牲にしてまで引き受けてはいけないのです。

「申し訳ないけど、いまは遠慮させていただきます」

「どうしてもというなら、1カ月先まで待ってもらえれば、できますよ」

などと、はっきり伝えることです。それは自分を守るばかりでなく、相手のためでもあります。できないとわかっていて引き受けたら、仕事を頼んできた相手まで苦境に立たされてしまいます。早い段階で、正直に打ち明けることです。そうすれば相手も仕事の納期をずらす、他の人に頼むなど、次善の策を打てるでしょう。あなたが遠慮する必要は、どこにもないのです。

相談

10 同居している家族に、仕事のストレスをぶつけてしまいます

答え

「ありがとう」その一言から始めることです。

家族を前にすると、ありのままの姿に戻り、わがままを言いたくなるもの。また、大切な家族だと思えば、そのわがままを叶えてあげたいと思うのも当然です。よく言えばなんでも安心して言い合える存在。悪く言うと、「つい甘えてしまう」のが家族なのでしょう。

しかし、家族といえども、やはり他人同士であることには変わりがありません。自分のストレスをぶつけて傷付けたり悲しませたりするようなことは、避けるべきです。

また、他人が集まって作る共同体という意味では、会社も同じです、ならば、会社と同じように、協力し合える関係を作り上げたほうがいい。大切なのは、自

分とは異なる価値観を持った他人を尊重すること。思いどおりの言動、行動が返ってこなかったからといって、いちいち目くじらを立てないことです。

もっとも、家族で仕事をするのでもなければ、あまり堅苦しく考える必要はないと思います。まずは「愛語」から始めてみませんか。

親子でも夫婦でも、長く共に暮らしていると、次第に言葉を惜しむようになるもの。しかし、愛語に込められた心からの優しさや愛情は本来、一番身近にいる大切な存在にこそ、伝えるべきではないでしょうか。

相手が家族だからといって、「愛語」を怠ってはならない。むしろ、家族にこそ愛語だと思います。

何事も、「やってもらって当たり前」になると、「ありがとう」という言葉すら出てこなくなります。たとえば、伴侶がご飯を用意してくれた、親が子どもの世話をしてくれた、そういうときの「ありがとう」に心を込めることです。

ほかにも、「おつかれさま」「行ってらっしゃい」「おはよう」「おやすみなさい」など、さりげなく慈しみを伝えられる言葉を、しかし忘れずに口にしましょう。大した会話がなくとも、それだけで家のなかはあたたかい空気で満たされていきます。

ときには、自分ばかり「やってあげている」あるいは「やってもらっている」気持ちに襲われることもあるかもしれません。とくに働きざかりの世代は、幼い子どもと老いた親の両方を世話する世代でもあります。自分だけが苦労を強いられている、そんな思いに囚われたとしても、無理はないのです。

ですが、長く共に暮らしているうちに、「持ちつ持たれつ」の関係が出来上がるのも、家族のいいところです。

自分が仕事で大変なときは、家族に支えてもらう。しかし、家族が病気になれば立場が逆転して、自分が手を貸す側になることもあるでしょう。

助けたり、助けられたり、「ありがとう」を言ったり、言われたり。こうした持ちつ持たれつの関係のなかで、お互いに慈しみ合う心を育んでいく。家がそのような場であれば、どれだけ心安らげる場所になることでしょう。まずは「ありがとう」、その一言から始めることです。

相談

11

老境に差し掛かり、自分の死を思い、心がざわつくことが増えました

答え

大切なのは「よく生きること」だけ。あとは仏様にお任せしましょう。

「定命《じょうみょう》」という言葉があります。人の命の長さは、生まれてきたときから定まっている、という意味です。生まれ落ちてすぐに亡くなった赤子の命も、100歳を超えた命も、定められた命を生ききったという意味では、同じ価値を持った命なのです。

ただし、自分の命がいつまで続くものなのか、誰にもわかりません。また、老いや病と同様に、死は決して避けられないもの。どうにもならないことを、どうにかしようとしても、かえって苦しいだけです。

それに禅の考えでは、命は「仏様（ご先祖様）からの預かりもの」です。私たちがこの世に存在するのは、何百世代にもわたるご先祖様が命を繋いでくれたお

かげ。そのうち一人でも欠けていたらいまの私たちはありませんし、私たちもこの命を次に繋いでいく務めがあるのです。そうであるならば、お預かりしていたものをお返しするまで、大切にするほかない。

命を大切にするとは、どういうことでしょう。それは「生きる」こと。いま、この瞬間にできることを、全うすることです。

「而今《にこん》」という言葉があります。大切なのは過去や未来ではなく、「いま、この瞬間」であるという意味です。

私たちは例外なく、いずれ死を迎える運命にあります。しかし、私たちが考えるべきは、いまというこの瞬間を生ききることのみ。仕事でも勉強でも趣味でも、できることを渾身の力でやればいい。また、それ以上のことはなにもできないのです。

「よい死」というものがあるとしたら、「もう一つも思い残しはない」と言えるまでに「よい生」を積み上げた先にあるのでしょう。それ以上のことは、仏様にお任せするほかないのだと思います。

自分の命を、次の世代に繋いでいく。そのための準備が「死に仕度」です。それも、元気なうちに死に仕度を始めるのがいい。たとえば、50代から自分の終わりを見据え、60歳から具体的に動き始める。それでも決して早くありません。

老いが進んでから、病を得てからでは納得のいく死に仕度はできません。また、死に支度を終えると、「もういつ死んでも構わない」と安心できるからでしょう、残りの人生が愛おしくなり、日々が満ち足りたものになります。

では、死に支度とはなにか。一般的には、死を前にしての心配を一つひとつ解消していくことを指します。

たとえば、自分が死んだらどこのお墓に入れてほしいか、家や土地、現金などの財産を誰にどう分けるのかなど、いわゆる「相続」に関するものです。これらは遺言書により、明確に意思表示をすることが大切です。

しかし、相続にはもう一つ「心の相続」があります。それは、自分が歩いてきた人生の道のりや、そこから学んだ経験を次の世代に残すこと。

人の死には2種類があります。一つは、肉体の死。もう一つは、遺族や近親者、友人の心から、故人の存在が消えるときの死です。心の相続は、二つめの死を遠ざけるためのもの。「たとえ肉体は滅んでも、人々の心に残る限り、生き続ける」。仏教では、そう考えられているのです。自分が死んでも、誰かが語り継いでくれる。そう思えたなら、安らかに最期の日を迎えられると思いませんか。

心の相続のため、ぜひしてほしいのは、「家族の歴史」の継承です。自分の祖父母の話や、その祖父母から聞いた家族の話を、子どもや孫に聞かせるのです。

三世帯同居の世帯が珍しくなかった昔は、先祖代々の話は、祖父母から若い世代へと無理なく受け継がれていきました。しかし、昨今は核家族化が進み、家族の歴史が語られる機会が失われつつあります。それは子どもや孫たちが、自分のルーツをたどれないということ。それはあまりにも寂しいことです。

ならば、祖父母に代わって自分が家族の歴史の語り部となるのです。あまり大げさにする必要はありません。家族と過ごす時間を大切にし、言葉を交わすなかで「そういえば、昔、こんなことがあってね」と、話題にしてみてはいかがでしょう。

エンディングノートも有効です。一般的にエンディングノートは、通帳や判《はん》子《こ》、保険証書などの貴重品類はどこにしまってあるか、最期を迎えたいのは自宅か病院か、亡くなったら誰に連絡するべきか等の情報を整理するためのものですが、大切なメッセージを遺族に伝えることもできます。

なにを書いたらいいのかわからない、という人は、次の10項目を埋められるかどうか、試してみてください。あなたの「生きた証し」として、残された人が記憶し、語り継ぐための拠り所になるでしょう。

（1）自分の故郷の思い出
（2）幼い日々のこと
（3）両親の思い出

(4)人生に影響を与えた恩師
(5)打ち込んできた仕事のこと
(6)我が子に伝えたいこと
(7)幸せだったあの頃のこと
(8)つらく苦しかった時期を、どう乗り越えたか
(9)私の夢
(10)自分と縁を結んでくれた人たちへの感謝

あなたは、誰にどんな言葉を残したいですか。

第4章

理想の場所にたどり着くための
おだやかな生活習慣

怠ける自分に「箍」をはめる

そもそも人間は、怠け者です。誰しも「なにもしなくてもいいよ、なんでも自由にしていていいよ」と言われたら、遅かれ早かれ、生活はだらけていきます。その人が特別、だらしないのではありません。人間とはそういうものなのです。

禅僧とて、例外ではありません。毎日規則正しく生活しなくては、心身の調子が崩れてしまい、おだやかではいられなくなるのが道理です。

だからこそ、生活に「箍《たが》」をはめるのです。「たがが外れる」の、たがです。

箍とは、桶や樽をしめる輪っかのこと。桶も樽も小さな木の板の集まり、箍がないとバラバラになってしまい、使い物になりません。箍をはめることによって水が漏れない、正しく使える桶になるわけです。

同じことが人間にもいえます。

禅の修行中は、「これが終わったら次はこれ」と、一日のスケジュールが事細かに決められています。だらけがちな生活に箍をはめることで、人は一つの桶となり、世の中の真理がたくわえられていく。それが禅の目指すところです。

生活に「箍」をはめるとはどういうことなのでしょうか。もう少し具体的にみていきましょう。

一番大切なのは、「何事も、一つひとつ心を込めて、丁寧に」行うことです。ちょっとした所作の一つひとつに、これを心掛けます。

たとえば、「ものを渡す」ときも、そうです。

片手で渡すのか、両手を添えて渡すのか、これだけで心の籠もり方が変わります。片手なら「ぞんざい」、両手なら「心が籠もっている」と人は感じるのです。

それから、脱いだ靴をきちんと揃えること。禅には「脚下照顧《きゃっかしょうこ》」という言葉があります。履物を揃えなさいということなのですが、これには「自分の足元を見つめなさい」という意味もあります。自分の足元が見えていない人は、自分自身が見えず、人生の先行きすら、わからないものです。

「お辞儀をするときは、腰から、30度ぐらい曲げましょう」などと教わるのも「一つひとつ心を込めて丁寧に行う」を、形式化したものでしょう。

禅では「行住坐臥《ぎょうじゅうざが》」、すなわち行く、住まう、坐る、寝るといった生活そのものが修行だと考えられています。心を整えるには、まず生活を整え、丁寧に暮らすこと。これは禅の極意の一つです。

「滴水滴凍《てきすいてきとう》」という言葉は、その極意を示しています。寒い日の朝、したたり落ちる水がすぐさま凍りつく様子をたとえて、一瞬たりとも時間を無駄にせず、気を緩めず、大切に暮らさないといけないと説いているのです。

私は第1章で、こんな話をしました。

禅宗の僧侶がみな共通して「おだやか」なのは、苦しい修行に耐えたことで、何事にも動じない自分を手に入れたからだ、と。

一般の方が同じ修行をする必要はないと思います。

しかし、ちょっとした禅の生活習慣であれば、今日にでも取り入れることができるはず。たとえば、朝の過ごし方や、隙間時間の使い方、食事の摂り方などに、自分なりのルールを設け、それを守るのです。小さなことですが、「毎日同じ時間に寝て、同じ時間に起きる」のも、箍の一つでしょう。

もっとも、箍をきつく締め過ぎても、人生が窮屈です。

本章では「無理せず毎日続けられる」という観点から選んだ、おだやかな人になるための生活習慣をご紹介していきます。

ゆとりある朝から一日を始める

その日が最高の一日になるかどうかは、朝で決まる。

そう言いきってもいいぐらいです。

ごく簡単な話です。朝、「おはようございます」と挨拶した相手が、こちらに目もくれず「……あざっす」などと返してきたら、それだけで一日を台無しにされた気分になりませんか？　逆に、気持ちのいい挨拶を交わせたら、清々しい気持ちで一日を始められそうです。

そのぐらい、朝の過ごし方は一日を大きく左右するもの。最高の一日が朝で決まるなら、そのような一日を積み重ねることで、最高の人生を手にできるはずです。

ではどうしたら、気持ちのよい朝を迎えられるのでしょう。

まずは、難しいことを考えず「いまより30分早く起きる」ことです。それも、忙しいときほど早起きを心掛けてください。

時間の余裕は、心の余裕の源です。朝の忙しさからも解放され、食事にしろ身支度にしろ、「一つひとつ心を込めて、丁寧にしたい」と思う、ゆとりが生まれます。

裏を返せば、出勤時間ギリギリまで布団のなかにいて、朝食抜きで家を飛び出すようなバタバタした朝は、遅刻や忘れ物など、トラブルの元凶です。

「やることなすこと、うまくいかない」

そんな散々な一日は決まって、朝からつまずいているものです。

参考までに、私の朝のルーティンをご紹介します。

朝4時半に目を覚ますと、温かい布団への未練を断ちきるように、「よし！」と気合を一つ。それから勢いよく布団から出ると、部屋の窓やお寺の門、戸を開け放ちます。夜の間に淀んだ空気を一掃、清廉な朝の空気を室内に取り込むためです。

そうして、窓際で朝日を全身に浴びながら、大きく深呼吸。冷たく新鮮な空気が、身体の隅々まで行き渡ると、一日を始める準備が整います。

医学的にも、「朝日を浴びる」効果は実証済みです。「メラトニン」という眠気を誘うホルモンが抑制され、身体が活動モードに切り替わるのです。また、幸せホルモンとして知られる脳内物質「セロトニン」の分泌量が増え、免疫力を増強するビタミンDも生成されるといいます。

布団から飛び起きて朝日を浴びるまで、わずか数分の行動ですが、これだけで頭も身体もスッキリ。新しい一日を最高のコンディションで始めることができるのです。

毎日少しずつ「朝掃除」のススメ

身体を動かすことも、さわやかな目覚めのコツです。とはいえ、長い時間も、負荷の大きいトレーニングも、必要ありません。

一番手軽な運動は、お掃除です。

「一掃除、二信心」という言葉があるぐらい、禅は掃除を大切にします。最初にやるべきは掃除であって、信心はそれが済んでから、という意味です。

私が雲水だった頃など、一日に最低3回、同じところを雑巾掛けしました。風が強い日には境内が埃をかぶりますから、一日5回、雑巾掛けしたこともあります。

なぜそこまで掃除に熱心なのか、修行を始めたばかりの私には不思議でなりませんでした。でも、いまならわかります。掃除と心の状態は、密接に関係しているのです。部屋の埃や塵を拭き取ることは、心に積もった埃や塵を払い、磨くのと同じこと。部屋を隅々まで綺麗にすると、心まで清々しく、晴れ晴れとしてくるのがその証拠です。

人間の心にも、気付かないうちに執着、妄想、我欲といった埃がたまっているのです。ならば、生活に箍をはめ、掃除を習慣にするのがいい。

「別に、埃なんて気にならないけど?」と、掃除を軽んじる人も多いことでしょう。しかしそれは、汚れた部屋に慣れてしまっているだけ。毎日きちんと掃除をしていれば、僅かな乱れも気になり始め、「いつも綺麗にしていたい」という気持ちが、自然と湧いてくるのです。

とはいえ、家中を掃除するのは大変ですし、続きません。

「毎朝」掃除をすることを前提に、今朝は玄関だけ、明日はトイレだけ、明後日は台所といった具合に、1カ所ずつ掃除をするのがいいと思います。時間は短くても結構。ただし「心を込めて、丁寧に」を忘れないでください。

もちろん、掃除の効用は朝に限ったことではありません。

嫌なことが続いて気分がネガティブに傾いていると、頭であれこれ考えたところで悩みに囚われるばかり。これは、心が埃や塵で覆われている状態です。

ならば、掃除をすることです。部屋と一緒に心を磨き上げましょう。心の雑音が静まり、「無心」になれるまで、時間の許す限り、です。

朝晩2回「坐禅」のススメ

心の振れ幅を小さくするに当たり、ぜひ習慣付けたいのが「坐禅」です。

近年、『いま、この瞬間』に意識を集中することで心を静める」エクササイズとして、マインドフルネスが注目されていますが、そこでも坐禅は活用されています。

禅の修行中も、朝一番にするのが坐禅です。本来の坐禅は、40分ほどかけて行いますが、一般の方なら、10分でもいいと思います。

さて、坐禅の基本は「調身・調息・調心」です。姿勢を整え、呼吸を整えると、心も整う、というのです。

まず姿勢ですが、横から見て背骨がS字を描き、尾骶骨と頭のてっぺんが一直線になるのがいい姿勢とされます。

調息は、丹田《たんでん》呼吸を整えることをいいます。丹田（おへその下約9センチ）を意識しながら、1分間に3〜4回程度のペースで腹式呼吸を繰り返します。このとき、ポイントは、お腹にある空気を全部吐ききること。すると、「吸おう、吸おう」としなくても、自然と空気がお腹に入ってきます。

これを、朝晩1回ずつできたら、申し分ありません。

朝、坐禅をすれば心身が整い、その日一日を「生ききる」準備ができます。また、夜に坐禅をすることを「夜坐《やざ》」といいます。夜坐を寝る前の習慣とすると、胸をざわつかせる悩みや不安が消え、深い眠りへと入れるでしょう。

日中も、頭がカッとなったとき、イライラしたときは、まず呼吸です。

心が乱れると肩に力が入り、胸が縮こまって呼吸が浅くなるもの。「ふう〜」とゆっくりと息を吐きながら、お腹のなかにたまっていた邪気が体の外に出ていくのをイメージしてください。吸うときも、同じようにゆっくり、長く吸うのがポイントです。こうして丹田呼吸をするうちに体の力みが抜け、それと一緒に、心が整っていくのが感じられるはずです。

「せめて、はじめの一口だけでも」丁寧に食べる

修行中の僧侶が食べる食事は、いわゆる精進料理です。

とくに、小食《しょうじき》と呼ばれる朝食は、お粥とお漬物だけ。これを、修行僧たちは、一口ずつ匙と箸を使い、それらを所定の場所に置きながら、よく嚙んで、ゆっくり食べるのです。それは、あまりにも量が少ないために食べ終わるのが惜しいから、でもあるのですが、食事をいただける感謝の気持ちを一口ごとに味わうためでもあります。

禅では、食事前に「五観《ごかん》の偈《け》」というお経を唱えるのが作法です。

ひとつには、多くの人を思い人々の働きに感謝していただく。

ふたつには、自分の行いを反省し、この食事をいただくに相応しい行いをしているか省みて静かにいただく。

みつには、心を正しくし、誤った行いをしないために、貪りなどの三毒を持たないように、味わっていただく。

よつには、健康な体と心を保つために良薬としていただく。

いつつには、円満な人格形成、自分の道を成し遂げるために合掌していただく。

そんな意味のお経です。つまり禅僧は自然の恵みである命によって自分は「生

かされている」、その事実を食事のたびに思い出しているのです。

一般の方が、ここまで真似する必要はないと思います。とくに、出勤前の朝などは、一口ずつ箸を置いている場合ではないでしょう。とはいえ、感謝の気持ちがそこにあれば、自然、丁寧に食事をするようになるものです。

なにも難しいことはありません。せめて、よく嚙み、ゆっくり食べることです。よく嚙んでいるうちに満腹中枢が刺激されて、食べ過ぎを防ぐという効果もあります。

朝にもまして時間が取れない昼食も、本来は「よく嚙み、ゆっくり食べる」のが理想です。しかし、職場で、仕事のことで頭がいっぱいになりながらの食事では、なかなかそうはいかないでしょう。私自身、昼間はつい「早食い」になりがちなことは白状しなくてはなりません。

それでも、なおです。せめて、はじめの一口だけでも「喫茶喫飯」の禅語を思い出し、食事だけに意識を向けてください。それを作ってくれた人のことを思い、自然の恵みである野菜や、魚、動物たちを思い、それを口にできる幸福を思い、そのおいしさを味わいきること。

丁寧な食事とは、そのようなものです。もちろん、スマホを弄《いじ》りながらの食事など、もってのほかです。

集中、リラックス、また集中

仕事の効率が最も高いのも朝だといわれています。職場に着いたら、グズグズしている暇はありません。

むしろ、**「大切な仕事」ほど、席に着いたら「よし、やるぞ」という気合と共に、午前中のうちに片付けてしまうべきでしょう**。お茶を淹れて一服したり、デスクの上を整理したりといった「助走」の時間は、必要ありません。

とくに、重要な意思決定をする会議や、大切な企画書作りなど、頭をよく使う仕事はできるだけ朝に振り分けるのが吉です。

同様に「面倒な仕事」も、朝一番に済ませてしまうのです。「ああ、やりたくないな……」と先延ばしをしても、なにもいいことはありません。

それが、朝の集中力を最大限に活用する方法です。そうして、一日の大半の仕事を午前のうちに片付けられたなら、残業からも解放されます。

一方で、人間の集中力には限りがあります。ランチでお腹が膨れると眠くもなりますし、午前中に集中した疲れから、午後はついだらけがちです。

そんなとき、無理に頑張っても集中力は戻ってはきません。上手に気分転換して、疲労感を軽減しつつ、仕事の効率を取り戻していきましょう。

それこそ、座ってデスクワークをしているだけで疲労はたまっていきます。同じ姿勢のまま何時間も経過すると、心も身体も強張ってきて、いいアイデアが浮かばなくなってきますし、腰痛に肩こりと、健康状態も悪化。「座りっぱなし」は、さまざまな悪影響をもたらすのです。

そうならないよう、30分に一度でも、椅子から立ち上がることです。ランチ時などは、オフィスを出て、近所の公園まで歩いてみるのもいいでしょう。

「空を見上げる」だけでも、疲労回復の効果はてきめんです。現代人は目を酷使しがち。パソコンの画面を凝視しているか、スマホに視線を落としているかのどちらかで、「最近、月を見たのがいつだったか思い出せない」という人も、少なくないのではないでしょうか。これでは心も身体も縮こまるばかり。視力低下も心配です。

とくに、仕事で煮詰まったときなどは、立ち上がって空を見上げましょう。一つのことに囚われていた心を、大空に解き放ってあげるのです。

澄み渡った青空を、流れ行く雲を、黄昏時の夕日を、ぼーっと眺めるのはいつ以来ですか。私たちの心に積もった澱《おり》を払い飛ばしてくれること、請け合いです。

考える前に動く

何事も、始める前には不安がつきものです。そして、先を読むことで不安点を解消するのが、賢い人の行動であるのも確か。

問題なのは、不安が「勝手に膨れ上がっていく」性質を持っていることです。そのせいで、先のことを考えるほど、「ああなったら、どうしよう」「こうなったら、どうしよう」と、心が不安に蝕まれていきます。

「未来のことなんて、誰にもわからないよ」と、不安を撥ね除けられる人ばかりならいいのですが、現実はどうでしょうか。不安を前に足がすくみ、そのせいで、行動が取れなくなっている人が多いように思います。「石橋を叩いて渡る」のはいいのですが、叩き続けるばかりで、橋を渡れないようではいけません。

私がかつて書籍のタイトルにしたように「心配事の9割は起こらない」ものです。**心配事や不安のほとんどは根拠のない妄想であり、思い込み、取り越し苦労に過ぎません。**「幽霊の正体見たり枯れ尾花」のことわざのとおり、なんでもこわごわ見ていたら、枯れたススキが幽霊のように恐ろしいものに見えてしまうのです。

とはいえ、心に不安が居座っているのだとするなら、対処しなくてはなりません。その点、禅は「動くことで不安が消える。とにかく動きなさい」と説き、行動に踏み出すことを大切にします。これを「禅即行動」といいます。

要するに、あれこれ先のことを心配する前に、まずは半歩でいいから動き出してみることです。トラブルが起きそうなら未然に防ぐ方向で動けばいいですし、それでうまくいかなくても、いま目の前で起きている課題を一つひとつクリアしていけば、確実に解決に向かっていきます。行動しているうちは、不安など感じる余地はありません。

これは「悩むのは、なにか起きてからでいい」ということでもあります。

禅宗の初祖である達磨大師の弟子に、慧可《えか》がいます。

「私の心はいつも不安でたまりません。この不安を取り除いてください」

慧可がそう訴えたところ、達磨大師は言いました。

「その不安を私の目の前に出してみなさい。そうしたら必ず取り除いてあげよう」

そう言われて慧可は初めて、不安には実体がなく、自分の心が作り出したものなのだと、気が付いたのです。

起きてもいないことを、恐れる必要はないのです。禅即行動。いまできることに集中し、頭から妄想を追い出してしまいましょう。

大声で自分に「喝！」

ときどき、大声で怒りをあらわにしている人を見掛けます。

本来、社会人が大声で言い争うなど慎むべきですが、一方で、大声を出す心地よさがあることは、認めないわけにはいきません。

日常生活で大きな声を出す機会がない分、たまに大声を出すと新鮮で気持ちがスッキリするのでしょうか。また、解決策が見つからないまま頭のなかでグルグルしていた悩みごとを、吹き飛ばすような効果もあります。

そういえば、僧侶の読経もなかなかの音量です。普段は僧侶らしくおだやかな口調を心掛けていますが、朝のお勤めとしてお経を読むときは、うるさいぐらい。しかし、これが実に心地よいのです。また、大きな声を出すと呼吸が深くなるので、血流が促されて、頭のなかまで澄んでくるようです。

中国の唐の時代にも、こんな故事があります。禅僧の百丈《ひゃくじょう》懐海《えかい》は、あるとき師匠である馬祖道一《ばそどういつ》老師から一喝され、3日間耳が聞こえなくなりました。ところが、これをきっかけに懐海は迷いから抜けて、悟りを開いたのです。まるで、師匠の一喝がすべてを吹き飛ばしたかのように。

誰かに迷惑を掛けることのない範囲で、たまには人間、大声を出したほうがい

い。私はそう思います。

もちろん、家庭や職場で大声を出したら周囲をびっくりさせてしまいます。かといって、誰もいない海や山にまで足を運べるかというと、街で暮らしていたら難しい。

しかし、カラオケボックスなら、あちこちにあります。スポーツも大声を出すいい機会です。幸いにも、誰の迷惑にもならず、思う存分に声を出せる機会は、身近にあるものです。

私は日常のなかでも、「よし!」「やるぞ!」などと、自分を鼓舞するために声を出すことがあります。

「疲れたな」「気持ちが乗らないな」というとき、頭のなかであれこれ考えているうちはなんの解決にもなりません。ならば、百丈懐海禅師にならって、自分に「喝!」です。一日1回は大声を上げる、そこから始めてみませんか。

夜は「考えない」

夜、それは私たちの心にとり、危うい時間帯です。昼間の慌ただしさに紛れていた不安や悩み、心配事が、姿を現すからです。

闇の中で一人、それらと対峙していると、否応なく心はネガティブに傾いていきます。そして一度、不安に囚われると、不安が不安を呼び、考えることは一層後ろ向きに。それは、夜である限り止めようがないことです。

物事の判断は、朝が訪れて、世界が明るくなってからにしましょう。夜のうちは、なにも考えず、なにも決めず、身体と心を休めることに徹するのです。それが、心おだやかに、夜を過ごすコツです。

また、ぬるめのお風呂にゆっくり浸かったり、静かな音楽を聴いたりと、リラックスに努めましょう。とくに、床につく30分前からは意識してなにも考えないでいることです。私も、遅くとも9時半にはパソコンの電源を切るようにしています。

そして、ベッドにスマホを持ち込まないこと。「スマホ断ち」です。

スマホを介して情報の洪水にさらされていたら、誰だって考えごとをしないわけにはいきません。日中もパソコン画面を凝視しているのですから、ベッドのなかでまで目を酷使しなくてもいいではないですか。スマホ画面の明るい光も、睡眠の質に悪影響を与えるといいます。

とはいえ、お酒やたばこがそうであるように、「やめよう」と思ってスマホをやめられるなら苦労はありません。手元にあると弄りたくのは当然のことです。

せめて夜だけでも、電源をオフにしたうえで、物理的に距離を置く決断をしましょう。たとえば、寝室とは別の部屋に置く、上の階や下の階に置くなどして、手に取りたくても、取れないようにするのです。

とにかく、あれやこれやの心配事を考えるのに、夜は不向きです。それらは全部、「朝まで先送り」で構わないと思います。頭を悩ませるのは、心身が回復してからで遅くはありません。夜は、一日の疲れを癒やし、翌朝からのスタートダッシュに備えるためにこそ、使いましょう。

自然のなかで「空っぽ」になる

さまざまなメディアから洪水のように押し寄せてくる情報を前に、私たちの五感はひどく鈍くなっています。これは、辛い食べ物を食べ続けるうちに、辛さに鈍くなってくるのと一緒。ただでさえ、普段はコンクリートの建物のなか、冷暖房の利いた部屋で暮らし、四季の変化から隔絶されているのです。このままでは、日本人らしい、繊細な感性は衰えゆく一方です。

そんなとき、私たちを癒やしてくれるのが、自然の力です。

街の喧騒から離れ、自然のなかに身を置くことで、心がおだやかになる。誰しも、そんな経験をしたことがあると思います。人間も本来は自然の一部だからでしょうか。肌をくすぐる風の心地よさや、鳥のさえずり、花の香り、小川の水の冷たさを感じると、日頃のストレスから解放されて、五感が瑞々しさを取り戻していきます。

実は、坐禅にも同じ効果があります。「閑坐聴松風《かんざしてしょうふうをきく》」という禅語は、静かに坐り、風が松の葉をゆらす音を聴く、という意味です。坐禅をしていると心が澄みきり、普段は聞こえない微かな音が聞こえてくる。その心地よさに浸っていると、時間の経過を忘れます。

あなたの自宅や職場の周囲に、小さな自然はありませんか。

マンションのベランダで風を感じ、近所の公園で土を踏みしめ、草木の緑で目を癒やす。**たった10分、自然のなかで「ぼーっとする」だけでも、十分な効果があります。**気持ちがくさくさしているとき、ネガティブな想念に囚われて抜け出せないときは「考える」ことを手放すこと、心を空っぽにして、自然に身を委ねましょう。

一日を「感謝」と共に過ごす

「ありがとう」という言葉には、伝え方があります。

感謝の気持ちが湧いたら、その場ですぐに伝えることです。

なぜなら、感謝の言葉には「鮮度」があるからです。「明日でいいか」と一日間を置くだけで、気持ちが色褪せてしまいます。直接会うことが難しい場合も、可能な限りすぐ、電話やメールでお礼を伝えましょう。

大仰な表現は必要ありませんが、「どうも……」「あざっす」などと、感謝の言葉をいい加減に済ましている人が多いのは、実にもったいないことだと私は思います。

とくに、相手が目の前にいる機会は、大変貴重です。前にも触れた「面授」という禅語のとおり、本当の気持ちは、顔と顔を合わせて伝えることが肝心です。言葉を伝えるだけならメールでもいいのかもしれません。しかし、**本当に伝えたいのは、言葉そのものではなく、そこに込めた心であるはずです。**

ならば、些細なことでも出し惜しみせず、「ありがとうございます」。心を許している親しい人が相手でも、「ありがとうございます」の一言を忘れずにいましょう。

あらためてお願いしたいのが、一日の終わりも、ぜひ感謝で締めくくっていただきたいということです。

お仏壇の前で感謝の言葉を述べ、一日を終える。

これは、私が長らく続けている習慣です。誰しも、ご本尊さまや仏様（故人）を相手に嘘はつけません。そこでは、人の心は裸になるのです。親として、上司として、部下としての仮面を脱ぎ、素顔の自分に戻れる時間です。

それは同時に、自分が「生かされている」事実に思いを馳せる時間でもあります。私たちがこの世に生まれたのは、何百世代にもわたるご先祖様が命を繋いできたからに、他なりません。そのうち一人でも欠けていたら、自分の命はありません。そう思ったら「命は自分のもの」とは、とても言えなくなるのです。

また、仏様の前でその日にあった出来事や、感じたこと、反省したこと、うれしかったこと、悔しかったことなどを振り返っていると、「一日として同じ日などない」という当たり前の事実を、つくづく思い知らされます。

すると、

「今日も一日無事に過ごせました。ありがとうございました」

という感謝の気持ちが湧いてくるのです。たとえ、昼間にあった嫌なことを思い出して寝付けない夜も、感謝の気持ちで心と身体を温めれば、よい眠りにつけます。私の、お気に入りのルーティンです。

家に仏壇がないなら、ご家族の写真でも、神社やお寺の御札などでもいいのです。心が雑念でざわついているときは、その前で手を合わせましょう。

「損得」を捨て「ご縁」で生きる

人付き合いでも仕事でも、「より好み」をしたくなるのが人生というものです。

この人と付き合っておくといい人を紹介してもらえるだろう。こっちのプロジェクトのほうが評価が高そうだ。あっちの会社のほうが給料がよくて福利厚生がしっかりしていて……。そんなふうに、損得勘定をしたくなるのです。

しかし、それが迷いのもとです。「Aのほうが魅力的だけど、Bのほうが得をしそうな気がするな。だけど……」とやるから、一つを選べなくなってしまうのです。

その点、**禅は「縁があるほうをやりなさい」と説きます**。

誰かと出会うことは一つの奇跡であり、そこには縁が働いている。ならば、どんな出会いも蔑《ないがし》ろにはできず、ただ感謝するべきだ。禅は、そう考えるのです。

縁を大切にするとは、仕事なら「先に声を掛けられた」「付き合いの長い人から紹介された」などがそれに当たります。

私も、よほどの理由がない限り、仕事を選ぶということをしません。ご依頼をいただいた順番にお引き受けします。そのときスケジュールが合わなければ「ご縁がなかった」、スケジュールが合えば「ご縁があった」。それだけを考えます。

これは出世に繋がるのか、損なのか、得なのか。これらはすべて邪念であり、その仕事に集中する妨げにしかなりません。一度縁を感じたなら、それに感謝をし、あとは無心で取り組むことです。

また、損得勘定とは、案外あてにならないものでもあります。

やっているうちに「やっぱりこちらを選んでよかった」と気付くこともあるでしょうし、儲かると思って引き受けたら手間ばかり掛かって利益が少なかったというのも、よく聞く話です。「あいつは、世話になった人からの仕事を蹴ってお金を選んだ」と悪評が立つことだってあります。

おもしろいのは、**最初にやってきた縁を大事にすると、縁が縁を呼ぶかたちで、次々に良縁が運ばれてくることです。**

「あの人はなぜかいつも、いい仕事に恵まれているな」と羨みたくなるような人があなたの周りにいませんか。一ついい仕事を成し遂げると、それを評価してくれた人が、また新しい仕事や新しい出会いを紹介してくれるものです。

思えば、仕事も人間関係も、まるで独立した生き物のようです。自分がなんでもコントロールできると考えるのは、人間の思い上がりです。むしろ、予想外のハプニングが起こるのが当たり前。しかし、最初にやってきた縁を大切にすれば、着実に新しい縁が育っていきます。いい縁がいい縁を呼び、雪だるまのごとく膨らんでいきます。

そのせいでしょう、何事もうまくいくときは、周囲のお膳立てのおかげで、トントン拍子で進んでいきます。逆に悪い縁に足を踏み入れると、なにをやってもうまくいきません。根本的なところに無理が生じているのです。

よい縁を大切にすれば、物事は勝手によい方向に進んでいきます。自分の力など、そこでは大した問題ではありません。
ご縁で世界は回っている。本当にそう思います。

仕事と家庭を「結界」で分ける

コロナ禍で、自宅で仕事をする人が増えました。通勤時間がなくなることで時間に余裕が生まれ、家庭と仕事を両立しやすくなるなど、テレワークには多くのメリットがあるようです。

一方で、「テレワークだと、仕事とプライベートの切り替えができない」というお悩みを聞くことがあります。

無理もないことです。自宅＝寛ぐための空間で仕事をしなさいと言われても、心のスイッチをうまくオンオフできないのでしょう。

生活空間と区切られた仕事部屋があればまだいいのですが、やむなくリビングなどで仕事をしていると、集中できずついダラダラしてしまう。あるいは仕事のストレスを家に持ち込んでしまい、家族に嫌な顔をされることもあるかもしれません。

仕事の時間が家庭の時間を侵食する。テレワークの思わぬデメリットです。

必要なのは、家モードと仕事モードを分ける「結界」です。

私たちの身近にある結界といえば、お寺や神社にある長い参道です。参道の役割は、俗なる場所と浄域と呼ばれる聖なる場所を分けること。参拝者は、参道を歩きながら少しずつ気持ちを鎮め、俗から聖へと心を切り替えていきます。

この知恵を、私たちの日常にも取り入れてみましょう。結界によって、仕事に没頭する仕事モードと、本来の自分に戻り心身を休める家モードとを切り替えるのです。

自宅で仕事をするにしても、頭のなかで「ここが結界」と決めておくことです。たとえば、仕事部屋があるなら、着席したら100%仕事モード、部屋から出たら100%家モードになると、ルールを定めるのです。仕事部屋がないのであれば、たとえば「コーヒーを淹れてPCに向かったら仕事モード」「パソコンをスリープ状態にしたら家モード」などと決めておきましょう。

大切なのは、家モードを仕事に持ち込まないこと。同時に、仕事モードを家に持ち込まないことです。その二つのモードを隔てるために、結界はあるのです。パソコン1台あればどこでも仕事が「できてしまう」時代には、自分の手で結界を作る必要がある、ということでしょう。

通勤する必要がある人も、少し工夫すると、仕事モードと家モードを切り替えやすくなります。

たとえば最寄り駅の改札と、会社の最寄り駅の改札を結界とするのはどうでしょう。その結界を通過するたび、家モードから仕事モードへと気分を切り替えていくのです。

帰り道は反対に、仕事モードから家モードに戻るための結界を決めておきます。たとえばオフィスを出たらネクタイを緩めたり、ワイシャツのボタンを一つ外したり。最寄り駅から自宅への道のりは、まさしく参道に当たります。一歩一歩歩くたびに俗世のストレスから解放され、家の玄関にたどり着く頃にはすっかりおだやかな自分に戻っている。そんなイメージです。

そして家に帰り着いたら、仕事の話は一切しないこと。会社に対する愚痴や不平不満など、ご法度です。家族と一日の労をねぎらい、共におだやかな時間を過ごすことだけ、考えましょう。

第5章

いつも心に留めておきたい おだやかな人になるための「禅語」10

1 心の振れ幅を小さくする　平常心是道《びょうじょうしんぜどう》

どんな状況に置かれても、泰然自若。

一時感情が揺さぶられることがあっても、しなやかな竹のように、元どおり。

いいことも悪いことも、引きずらない。

「おだやか」な人の佇まいとは、そのようなものです。

とくに、多くの人を率いる「リーダー」たちには、求められる資質です。どんなときもおだやかな心持ちでいればこそ、周りの人もおだやかでいられるからです。

しかし、何度も繰り返すように、人間は本来、感情豊かな生き物です。喜怒哀楽によって心が揺れるのは当然のこと。

また、そうでなくては、生きる喜びも味わえないでしょう。禅も決して感情を否定してはいませんし、人間らしい喜怒哀楽を感じさせないリーダーなど、それこそ人を惹き付けられないと思います。

喜怒哀楽はおおいに結構。ただし、感情の揺れの幅を小さく、揺れている時間を短くすることを心掛けましょう。いっとき悩むことがあっても、すぐに頭を切り替えて、目の前にある課題解決のために行動することです。うれしいことがあったときも、はしゃぎ過ぎて周囲の顰蹙《ひんしゅく》を買ったり、慢心で足をすくわれることがないように。

いいことも悪いことも引きずらない。

限りのある時間を大切にするため、おだやかな心で生きていきたいものです。

「平常心是道」とはそんな初心を思い出させてくれる禅語です。心をおだやかに保ち生活することそのものが、禅的な生き方を究める道だと心得てください。

2

結果を求めない　結果自然成《けっかじねんになる》

自分にできることを精いっぱいやっていれば、結果は後から付いてくる。

そう説くのが、「結果自然成」という禅語です。

常に結果を求められるのが現代のビジネスパーソンの宿命。しかし、自分一人の頑張りではどうにもならないことなど、生きていればいくらでもあります。

努力したからといって報われるとは限りません。逆に、大した努力をせずとも、いい結果が出ることもしばしばあるでしょう。

それでもなお、努力を続ける意味はあると私は思います。努力なしには、せっかく訪れた幸運を摑まえ生かすことも、できないからです。

そのチャンスがいつ訪れるか、誰にもわかりません。しかし「誰家無明月清風《たがいえにかめいげつせいふうなからん》」という言葉もあります。誰の家にも月は光り、清らかな風は吹いてくる。同じように、チャンスは誰のもとにも平等に、必ずやってくるのです。そのときまで努力を続けることです。

この考え方は、昨今のビジネスシーンなどでは敬遠されるものかもしれません。

「結果を出せ、他の企業よりも早く」。そう急かされて、人参を目の前にぶらさげられた馬のように、遮二無二走っている人が少なくないからです。

それでも成果が上がらないと無能だと判断されてしまう。あるいは、自分が結果を出すためには、他人を蹴落としてもいいと考えてしまう。このような環境では、おだやかでいることなど不可能にも思えてきます。

企業が利益を出し、その企業から給与をもらう以上、致し方のない面もあると思います。しかし、このような風潮が唯一の正解だとも、私は思わないのです。

結果だけで判断する風潮は、すぐに結果に結びつかないことを軽視する風潮、結果のためなら手段を選ばない風潮にも繋がります。

また、目に見えるご褒美がない行為や、「なんのため」が明確でない行為が軽んじられる事態が待っています。結果=お金と捉えて、すべてをお金に結び付け、お金にばかり囚われる人も、そうした事態の犠牲者でしょう。

このままでは、結果を度外視して一生懸命努力する人や、自分は一歩引いて人の役に立つ人の居場所がなくなってしまうのではないか。

そして、この世のなかに誰一人として不必要な人などいない、という「心の繋がり」が感じられない世界がやってくるのではないか。そんな怖さを私は感じています。

しかし、たとえ結果が出なくても、その努力が無駄になることなど、絶対にありません。ただ無心に、目の前にある「なすべきこと」を続けることです。その報いは必ずやってきます。

お釈迦様も、入滅に臨まれるときに「少水常流如穿石《しょうすいつねにながれていしをうがつがごとし》」と弟子に説きました。僅かな水の流れでも絶え間なく流れ続けていれば、いつしか硬い石を貫いてしまう。目に見える変化がどれだけ小さくても、毎日の修行は必ず実る、そう教えたのです。

仮に、社会的に成功しなくとも、日々のなすべきことを全うする人生ほど、豊かなものはありません。

「やるだけやったんだから、それでいいじゃないか」

そう思える毎日を積み重ねることが、心安らかでいるための答えです。

とは言いながら、世の中の常識を書き換えるような大成功は、結果を度外視した挑戦からしか生まれないこともお話ししておかなければいけません。

私も、いわゆる成功者といわれる人とたくさんお会いしてきましたが、彼らに共通するのも、結果ではなく、目の前のことに全力を集中させていることでした。

結果自然成。この禅語のとおりの人生を生きた人間として顔が思い浮かぶのは、Ａｐｐｌｅ創業者のスティーブ・ジョブズです。

ジョブズは、効率的に新商品を作るに当たり不可欠とされる「市場調査」を一度もやらなかったことで知られています。そのためにアメリカでは大変な変わり者扱いをされました。

「自分が欲しいと思うものは、他人も欲しいと思うだろう」。ジョブズにとっては、これがすべての拠り所だったのです。

市場調査で「人々が欲しがるもの」を探っても、その読み解き方が安易では、すでに世にあるものと似たりよったりのものが出来上がるだけ。

その点、禅に傾倒していたジョブズは、ただひたすらに「自分が欲しいと思うもの」を追求しました。世に数々の「イノベーション」をもたらしたＡｐｐｌｅ製品は、そのようにして生まれたのです。

3

日常すべてを修行とする　行住坐臥《ぎょうじゅうざが》

行く、住まう、坐る、臥す。日常の振る舞い四つを並べて、行住坐臥です。仏教用語では「四威儀《しいぎ》」ともいいます。

禅の修行というと真っ先に「坐禅」を思い浮かべる人が多いと思いますが、これは、よくある誤解です。立っているときも歩いているときも、横になっているときも、日常の所作すべてが修行になるのが禅なのです。

といってもなにか特別なことをするわけではありません。修行のつもりで日々を暮らすと人生が学びに溢れたものになる。それだけのことですが、奥が深いのです。

たとえば、不本意な仕事を回されたことも、隣人に心ない言葉を掛けられたことも、心掛け一つで修行に変わります。どんなことも自分が成長するために必要な試練であり、一つの「縁」なのだと考えて、前向きに取り組むことです。

嫌な上司も、嫌なお客さんも、自分を磨く修行という意味では、同じぐらいの価値があります。「ああ、本当にひどい経験をした」と思うことも、ときにはあるでしょう。やむを得ず「絶縁」を選ばざるを得ない事態に追い込まれるかもしれません。

それでもなお、です。皆がいい人ばかりとは限らない、世の中とはそういうものだという学びだけは、手元に残るのです。

そのような学びを得るのに場所は問いません。

「直心是道場《じきしんこれどうじょう》」という禅語があります。執着や囚われのない素直な心があれば、どんな場所でも道場になるのです。

自分の生き方を究めることが禅の修行というと、どこかに出向いて行うものだと思う方もいるかもしれません。確かにお寺でなければできない修行もありますが、修行の本質は場所とは関係がないことです。

生きることはすなわち修行である。それは、生きている限り禅の修行には終わりがなく成長し続けられる、ということでもあります。

「百尺竿頭進一歩《ひゃくしゃくかんとうにいっぽをすすむ》」という禅語も、そのことを教えています。

百尺もある竹の竿の上にいて、いまにも竿から落っこちてしまいそうでも、さらに「一歩先に進め」と言っている。なにを言っているのかわからないと思う人も多いでしょうが、それぐらい禅は「完成」というものを嫌うのです。

完成を超えて、一段上の不完成を目指すのが禅です。

美術の世界でも同じです。デザインも絵柄も崩れたところのない「完全な美」

を目指す西洋とは違い、日本ではあえて整えず、むしろ均整を崩した「不完全な美」がよしとされます。とくに陶器はいい例です。色も形も不均整、しかしそこにこそ作者の意図が表現されている、二つと同じものがない個性が刻まれている、だから美しいとするのです。

不完全でいい。いえ、不完全だから、いいのです。

「ここで完成」と自分で決め付けてはいけません。死ぬまで「あともう一歩」の精神で、自分を磨いていきましょう。

4

人間関係は「白黒」付けなくていい

悟無好悪《さとればこうおなし》

悟無好悪。それは、人間関係における悟りの境地です。先入観を持たず、ありのままの姿を認めると、好き嫌いなど自然になくなってしまう。そんな意味です。

人間関係というものは、存外あいまいでいいものです。

いい人、悪い人、好きな人、嫌いな人、それぞれ顔を思い浮かべることはできても、それを態度で示すことは、まずありません。

いい人間関係を築くには、白黒はっきり付ける態度よりも、態度を保留にするあいまいさ、おおらかさがいるのです。

「あの人の言葉、どうも心に引っ掛かるな……」

そう思っても、わざわざ本人に問いただすこともしないでしょう。本人も深い考えがある場合ばかりではないのです。

他人の言葉に対して鈍感ともいえます。しかし、人付き合いには欠かせない鈍感さではないでしょうか。それをいちいち気に掛ける繊細な心の持ち主は、かえって人間関係に苦労するはずです。

そもそも、他人に対し、好き嫌いが生じるのは、「上司はこうあるべきだ」「友人はこうあってほしい」といった身勝手な願望が背景にあります。しかし、他人がどうであろうと、自分の思いどおりに変えることなどできません。

であるならば、「あの人は人の失敗を怒らない優しい人だから好きだ」「あの人は愚痴っぽくて嫌いだ」などと、いちいち判断を下さず、あるがままをそのまま認めてしまうのがいい。

そのほうが心はささくれず、人付き合いも楽になるというものです。

大切なのは、「色眼鏡」を外し、「自分の目」で相手を見ることです。今日初めて会った人だと思えば、「この人はこういう人なんだな」と素直に受け入れられるはずです。

もっとも、人間である以上は、どうしても好き嫌いが出てくるでしょう。あるがままの他人の姿を見て、「この人はどうしても好きになれない」と認めざるを得ないこともあると思います。それならそれで構いません。

「あの人は、余計な一言を言わずにはいられない人だな」

「酒癖が悪くて、飲み会になると人に絡んでくるな」

そう認めることで、距離の取り方もわかってきます。「嫌い」と態度に示すのが得策だとは思いませんが、無理に好きになる必要などないのです。

自分に害が及ばない距離から「反面教師」として参考にするのもいいでしょ

う。いずれにせよ、こちらから積極的に関わろうとしなければ、自然と疎遠になっていきます。

5

流されたって「なんとかなる」 柔軟心《にゅうなんしん》

ああなりたい。こうなりたい。こうでないと「いけない」。こうした思いは向上心の強さを支えるものである一方、心をひどく追い詰めるものでもあります。こうでないといけないのに「なれない」とき、人は自分を責めてしまうからです。

そして、現実の人生には、自分の思いどおりにならないことばかりが起きます。生老病死、すなわち生きること、老いること、病むこと、そして死ぬことは、その最たるものでしょう。

恋愛だってそうです。どれほど情熱的に思いを寄せても、相手が振り向いてくれないどころか、疎ましがられることもあります。恋愛ほど「人の気持ちをこちらの思いどおりになんてできない」と、思い知らされるものはないはずです。

「どうにもならないこと」を前に悩み苦しむ私たちに対し、禅は「どうにもならないことは、そのまま受け入れるしかない」と説きます。

一休さんと並んで日本人に愛されている名僧、良寛さんは、死についてこんな言葉を残しました。

「災難に遭う時節には災難に遭うがよく候、死ぬ時節には死ぬがよく候、是はこれ災難をのがるる妙法にて候」

大地震に遭った知人への見舞い状にしたためられた一節です。死ぬときがきたらただ死んでいけばよい。死がいつどんなかたちで訪れようと素直に受け入れること。さすれば心がかき乱されることもないだろう、というのです。

被災直後の人に送るにしてはずいぶんと酷にも思えますが、大切な禅の精神を伝える言葉であることも間違いがないのです。

その精神を「柔軟心」といいます。

ああなりたい、こうでないといけないと願う自我から離れて、竹のようにしなやかに生きること。そうした心のありようが柔軟心。それは、決まった姿形を持たず、状況に合わせて姿を自在に変えられる心です。

現代においては、ブレない心、強い信念を持つことばかりが評価されがちです。しかし、たとえば新型コロナ禍において、仕事も生活もままならず、つらい思いをした人も多いはず。私たちが暮らしている世界はしばしば、残酷なほど強い力で私たちの心を揺さぶります。そこで耐えよう、跳ね返そうと思っても、勝てるはずがありません。

そんなときは、力を入れて耐えるのではなく、むしろ力を抜いて、「どうにかなるさ」とつぶやくことです。

柔軟心はストレスを上手に受け入れ、受け流す心ともいえるでしょう。空に浮かぶ雲が決して風に逆らうことがないように、なにがあっても逆らわず、心を流れに任せてしまうのです。

誤解していただきたくないのですが、これは、不本意な現実に対しても唯々諾々と従いなさい、ということではありません。

「どうにかなるさ」で心を柔らかくすると「さて、どうしようか」を考える余裕も生まれます。現実が思いどおりにならないからといって、世界が終わるわけでも、命をとられるわけでもないのですから。それに、どんなに流されても、やることは変わりません。目の前にある課題の一つひとつに力を尽くすこと。精いっぱい生きることです。

6

心のなかの仏と出会う　本来面目《ほんらいのめんもく》

人は皆心のなかに、鏡のように一点の曇りのない心、仏様のように清らかで美しい心を持っています。それを「本来面目」といいます。本来面目のほかにも、「仏性」や「真如」といった言葉でも表現されます。

私が、誰もがおだやかに生きられると申し上げるのは、ほかならない仏様が、私たちの心のなかに宿っているからです。この考え方を「本具仏性《ほんぐのぶっしょう》」といいます。

ところが困ったことに、現実に生きる私たちの心は、妄想、執着、不安、怒り、妬みといった負の感情によって覆われていきます。しかも、本人はそのことに気が付きません。負の感情を通した世界しか目に映らなくなれば、心を覆う負の感情は、ますます分厚いものになっていくでしょう。

その状態を、私は「心のメタボ」と呼んでいます。お腹周りの脂肪がそうであるように、心を覆った負の感情もなかなか落とせません。

それでも、どうか忘れないでください。禅の教えを学び、生活を整えれば、心のなかの仏様は、元のとおりの美しい姿を取り戻すでしょう。

禅の修行は、負の感情を手放すための手段でもあります。何事も「心を込めて丁寧に」行うのも、坐禅を組むのも、その一つだと考えてください。

たとえ孤独のうちにあっても、私たちは決して一人ではありません。「把《は》手《しゅ》共《きょう》行《こう》」とは、「共に手を取り生きていく」という意味の禅語です。誰の手を取るかといったら、心のなかにいるもう一人の自分です。仏様なのです。

「これからどうやって生きていったらいい?」

人生に迷ったときは、胸の奥にいる仏様と語り合ってください。私たちは、仏様と共に、人生を歩んでいるのです。

7

昨日でも明日でもない、今日のみを生きる
深知今日事《ふかくこんにちのことをしる》

目の前のことに目を向け、力を尽くしていくことが大切である。人間にできることは、それしかない。そんな意味の禅語です。

これは、心おだやかに暮らすための、一番のポイントかもしれません。過去を悔やまず、未来のことも憂えず、いまに没頭することです。

「いま、この瞬間」に集中する大切さを説く禅語は、他にもたくさんあります。たとえば、「前後際断《ぜんごさいだん》」もそうです。

曹洞宗を開いた道元禅師が、こんな言葉を残しています。

「たき木、はひとなる、さらにかへりてたき木となるべきにあらず。しかあるを、灰はのち、薪はさきと見取すべからず。しるべし、薪は薪の法位に住して、さきありのちあり。前後ありといへども、前後際断せり。灰は灰の法位にありて、のちありさきあり」（『正法眼蔵』の「現成公案」より）

薪は燃えて灰になる、灰になったら薪に戻ることはない。道元禅師がこの話を通じて伝えたかったのは、おそらく次のようなことです。

一般的に私たちは、昨日、今日、明日という1本の時間の流れのなかで生きて

いると考えられています。しかし禅は、過去は過去として、今日は今日として、明日は明日として完結しており連続していない、前後は断ち切れているのだとします。春夏秋冬も同様に、冬が春になり、春が夏になるのでなく、それぞれ独立している、と考えるのです。

このことがわかれば、過去に囚われることもなければ、未来に対する不安で身動きが取れなくなることもありません。

あるいは「即今《そっこん》・当処《とうしょ》・自己《じこ》」という禅語。

即今は「いまこの瞬間」、当処は「自分がいる場所」、自己は「自分が」という意味です。いまこの瞬間、自分がいるその場所で、できることを精いっぱいやる。もう「これしかない」という言葉ではないでしょうか。たとえば、仕事がうまくいかなかった自分を想像して不安になるのではなく「いま」やるべき仕事に取り組むこと。過去の言い争いを悔やむのではなく、仲直りするために「いま」なにを話すべきかを考えること。私たちに必要なのは、それだけなのです。

この話をすると、

「私には将来の目標があるんです。目の前のことばかり考えて、目標を達成できるはずがないじゃないですか」

と疑問を持つ人もいます。

誤解のないようにしておきたいのですが、目標を定めるのは素晴らしいこと。

また「いま、この瞬間」を生きる大切さとも、なんら矛盾はありません。

目標を達成するために必要なのも「いま、この瞬間」の積み重ねです。それも、目標達成に向けたステップになる行動を着実に積み重ねないといけない。この一歩分、必ず目標達成に近づくと思えるなら、「いま、この瞬間」の大切さを忘れることもないでしょう。やりたいことを闇雲にやればいい、という話ではないのです。

未来をいたずらに不安視するのは避けるべきですが、「将来こうなりたい」という目標は、ぼんやりとでもいいので作るべきだと思います。その目標に向かうなか、種々の課題が生じたなら、「いまこの瞬間」の集中力で解決しましょう。

8 変わらない日々に感謝　安閑無事《あんかんぶじ》

平和を望まない人はいません。その一方で、なんの心配もなく暮らすことができる幸せを心から味わえる人もまた、少ないものです。

生老病死の苦しみのない、安らかで平穏な状態が続くと、人は退屈し、刺激が欲しくなります。淡々とした暮らしに嫌気がさし、変化に憧れます。

また、メディアはいつの時代も、そうした憧れを誘う、ドラマティックな人生を取り上げるものです。それを見ると、昨日と同じような今日を生きる自分の人生が、虚しいものに思えてきます。

毎朝同じ時間に起床して、同じ時刻の電車に乗り、同じ仕事をして、同じ時間に眠る。ふと気が付くと「もう1年たったのか」と愕然とします。こんな人生になんの意味があるのか。そう問い掛けたくなることもあるでしょう。

もちろん、人生には時折、奇跡のような一日が訪れることもあります。たとえば、運命の人と出会い結婚をした、自分が育てた会社が上場した、世界中を旅して回った……。ですが、そんな日々は続きません。仮に続いたとしても、やがて刺激は薄れ、以前とは別の、平穏な日常が始まるだけです。

そのとき人は気が付くのです。変わらない日常こそが、人生の本質だと。夜、暖かい布団で寝られること。朝、無事に目が覚めること。一日三度の食事ができること。街を歩けば、風を感じられること。そんな当たり前のことが、ありがたい。

「独坐大雄峰《どくざだいゆうほう》」という禅語も、生きていることそれ自体のありがたさを伝えています。一人の僧侶が、百丈懐海禅師に人生の幸せを問うたときに、禅師から返ってきた答えが「独坐大雄峰」でした。大雄峰とは、百丈懐海禅師が住んでいた百丈山のこと。山で一人坐禅を組む日々、それ自体が幸せだと禅師は語ったのです。

ならば、その変わらない日常を、変わらないからこそありがたい生を、生ききることです。

「人は、失って初めてそのありがたさを知る」といいますが、失われてからでは、取り返しがつかない。こうしている間にも、生老病死は近づいているのです。当たり前の日常が当たり前でなくなる前に、安閑無事に感謝し、味わい尽くしましょう。

9

孤独の豊かさを知る　白雲抱幽石《はくうんゆうせきをいだく》

空には白い雲が浮かび、幽玄な巨石をやさしく抱いている。そんな悠然とした景色を一人楽しんでいる。「白雲抱幽石」とは、唐の時代の伝説的な僧である寒山が、一人静かに隠遁生活を過ごした風情を表した言葉です。

禅では「人には孤独が必要だ」と考えられています。

一般的に孤独にはマイナスのイメージがつきまといます。孤独は不幸であり、誰かと共にいることが幸福であると考えられている。しかし、SNSなどを通じていつでも人と繋がれる時代だからこそ、孤独の必要性は増していると私は感じています。

ただでさえ、現代に生きる私たちは、多くのストレスを抱えながら暮らしています。そして、ストレスの大部分が人間関係に由来することも、ご存じのとおり。たとえ相手が愛する家族であれ、友人であれ、「いつも一緒」という関係性はストレスのもと。心身を回復させるには、人間関係から離れ、孤独に身を置く時間も必要です。

ここでいう孤独とは、寂しいものでも、侘しいものでもありません。多くの人が恐れているのは、孤独ではなく「孤立」でしょう。孤立は、社会と縁が絶たれてしまっている状態。とてもおだやかではいられません。

孤独とは、むしろ贅沢な時間です。

それは、せわしない毎日のなかで見失っていた自分を取り戻すため、欠かせない時間。あるいは、自分がいま生きていることのありがたさを実感する時間であり、「これからどうやって生きていこうか」と振り返る時間です。周囲に誰かいると、そんな些細な贅沢を味わうことさえ、できないのです。

スマホを通じていつでも人と繋がれる時代になり、人は孤独に弱くなっていま す。また、意識しないと孤独になる時間を確保できなくなりました。しかし、一人きりになって考える時間が持てるなら、どんな形でも構わないと思います。

スマホを置いて散歩に出掛けるもよし、昼食を一人で摂るもよし。寒山のように、豊かな自然のなかで静かに過ごすのもいいでしょう。幸い、日本にもお手本がいます。平安末期から鎌倉初期に生きた歌僧、西行《さいぎょう》です。西行は山のなかに庵を結び、自然と共に生きながら歌を詠みました。

願はくは
花のもとにて
春死なむ

そのきさらぎの
望月のころ
孤独の贅沢を知る人の歌でしょう。

10

晴れの日も雨の日も味わい深い
日々是好日《にちにちこれこうにち》

日々是好日。多くの人が勘違いされているのですが、この言葉は「毎日がよき日である」という意味ではありません。

「よい日」にするのは、どんなに素晴らしいでしょう。

現実には、雨の日もあれば、晴れの日もあり、われわれの思いどおりとはいきません。人生のなかにもまた、光が差し込む日もあれば、冷たい雨にさらされる日もあります。

しかし、晴れていて暖かいからよい日だ、雨で肌寒いから悪い日だ、と単純な二元論で考えるのは勿体《もったい》ないことだと私は思います。

周囲の環境に振り回されて人生を過ごすのではなく、晴れの日には晴れの日のよさを味わい、雨の日には雨ならではの過ごし方をする。それが人生の主人公としての生き方、心おだやかな生き方だとは思いませんか。

そう。その日がよい日になるかどうかは、あなた次第。

たとえば、鬱陶しい初夏の長雨も、少し視点を変えればこれほど美しいものはなかなかありません。梅雨に濡れた紫陽花や、花菖蒲が瑞々しいこと。お気に入りの傘を差して街を歩くうれしさ。いずれも、雨の日ならではの楽しみです。

人生もまったく同じです。雨のち晴れ、晴れのち雨。山があり、谷がある。夜があり、朝がある。その繰り返しが人生であり、避けようと思って避けられるものではありません。なかには明日にも死が訪れる人だっているのです。

それでも、私たちは、幸福を探して生きることができるはずです。

たとえば、順境では仲間たちと喜ぶ一方で、逆境では不屈の忍耐力を学べばいい。飛び上がるほどうれしいことがあった日も、心が傷付き涙した日も、「かけがえのない一日」という意味では、まったく同じ価値を持っています。

ならば、私たちにできることは、「いま、この瞬間」の素晴らしさを自ら見いだすこと。どんな一日も「ありがたい一日」として、生きること。

そうした姿勢があれば、どんな状況に置かれても、私たちのおだやかな生が妨げられることは、ないのです。

人生を豊かにするものは、その人の生き方そのものである。日々是好日という言葉は、そのことを教えてくれています。

おわりに

感情や煩悩に囚われず、ただひたすらに、いまこの瞬間を生きること。

禅が考える「幸福」とは、そのような生き方です。

おだやかな心は、そうした幸福がもたらしてくれるものだといえます。

逆に、生き方そのものを変えず、おだやかさだけを手に入れようとしても、虚しい結果に終わるでしょう。

いまこの瞬間に満たされない思いを抱えたままに、おだやかな「ふり」だけをする。

そんな生き方は、自分にとっても、あなたを見守る大切な誰かにとっても、苦しいばかりです。

「諸法無我」という言葉を思い出してください。

幸福で、おだやかな生き方は、周囲の人さえおだやかにします。

あなたの命を、人々の役に立てようと思うなら、まず自分自身が幸せになるのが一番の近道です。

あなたの幸福とおだやかな日々のため、この本がお役に立てれば幸いです。

合掌

枡野俊明

ブックデザイン　喜來詩織（エントツ）
校正　有賀喜久子
編集協力　東　雄介

この作品は書き下ろしです。

枡野俊明（ますの・しゅんみょう）

曹洞宗徳雄山建功寺住職、庭園デザイナー、多摩美術大学名誉教授。1953年神奈川県生まれ。大学卒業後、大本山總持寺で修行。禅の思想と日本の伝統文化に根ざした「禅の庭」の創作活動を行い、国内外から高い評価を得る。芸術選奨文部大臣新人賞を庭園デザイナーとして初受賞。ドイツ連邦共和国功労勲章功労十字小綬章を受章。2006年「ニューズウィーク」誌日本版にて「世界が尊敬する日本人100人」に選出。著書に『心配事の9割は起こらない』（三笠書房）、『あなたの牛を追いなさい』（松重豊氏と共著・毎日新聞出版）など多数。

ご意見・ご感想は、
こちらのフォームからお寄せください。
https://bit.ly/sss-kanso

おだやかな人《ひと》だけがたどり着《つ》く場所《ばしょ》

ブレずに成果《せいか》が出《だ》せる禅的思考《ぜんてきしこう》のススメ

二〇二四年六月二十一日　第一刷発行

著者　枡野俊明《ますのしゅんみょう》
発行者　碇　高明
発行所　株式会社草思社
〒一六〇-〇〇二二　東京都新宿区新宿一-一〇-一
電話　営業　〇三（四五八〇）七六七六
編集　〇三（四五八〇）七六八〇

本文組版　南川実鈴
本文印刷　株式会社三陽社
付物印刷　日経印刷株式会社
製本所　加藤製本株式会社

ISBN 978-4-7942-2727-0　Printed in Japan　検印省略